Andreas Renz

Beten wir alle zum gleichen Gott?

Andreas Renz

Beten wir alle zum gleichen Gott?

Wie Juden, Christen und Muslime glauben

Kösel

Verlagsgruppe Random House FSC-DEU-0100
Das für dieses Buch verwendete FSC®-zertifizierte Papier
Classic 95 liefert Stora Enso, Finnland.

Copyright © 2011 Kösel-Verlag, München,
in der Verlagsgruppe Random House GmbH
Umschlag: griesbeckdesign, München
Umschlagmotive v.l.o. n.r.u.: Color Day Production/gettyimages, istock.
com/Dieter Hawlan, KNA Bonn, Karl Johaentges/gettyimages, Wilfried
Krecichwost/gettyimages, Image Source
Druck und Bindung: GGP Media GmbH, Pößneck
Printed in Germany
ISBN 978-3-466-36899-0

Weitere Informationen zu diesem Buch und unserem gesamten lieferbaren
Programm finden Sie unter
www.koesel.de

*Man kann den höchsten Gott
mit allen Namen nennen,
man kann ihm wiederum
nicht einen zuerkennen.*

Angelus Silesius (17. Jh.)

*Mach dein Herz leer von allem,
was nicht Gott ist,
dann nenne Ihn, wie du willst.*

Bayazid Bastami (9. Jh.)

Inhalt

»Es gibt keinen Gott außer Gott!«

Vorwort

An Schulen, am Arbeitsplatz, in der Freizeit begegnen sich heute Menschen unterschiedlichen Glaubens und unterschiedlicher kultureller Herkunft. Interreligiöse Ehen und Familien werden immer häufiger. Die Präsenz des Islam in Deutschland, Österreich, in der Schweiz und anderen mittel- und westeuropäischen Ländern ist ein unübersehbares und unumkehrbares Faktum. Auch die jüdischen Gemeinden hierzulande erleben eine neue Blüte. Daneben gibt es eine Vielzahl weiterer Religionen und Weltanschauungen. Unsere Gesellschaft ist multireligiös und multikulturell geworden. Diese Situation stellt die Gläubigen der verschiedenen Religionen vor die Frage, wie sie die jeweils anderen sehen und ob es eine gemeinsame religiöse Basis für das Gespräch und das Zusammenleben gibt. Das vorliegende Buch will diese Basis ergründen und beschränkt sich dabei auf jene drei Religionen, die geschichtlich und theologisch eng miteinander verwandt sind, die gewissermaßen zu einer »Familie« gehören: Judentum, Christentum und Islam. Wenn es in diesem Buch nur um diese drei Religionen geht, dann aufgrund der notwendigen thematischen Eingrenzung und nicht, weil die anderen Religionen weniger wichtig oder von der Fragestellung prinzipiell ausgeschlossen wären.

»Wir glauben doch alle an den gleichen Gott« – so wird nicht selten argumentiert, um zu konstatieren, dass letztlich doch alle Religionen in ihrem Kern gleich seien und sich deshalb doch auch vertragen müssten. »Allah ist nicht der Gott Jesu Christi« – solche oder ähnliche Sätze waren dagegen in den letzten Jahren immer wieder aus verschiedenen christlichen Lagern zu hören. Hinter diesen plakativen Aussagen steht eine theologisch schwierige, aber grundlegende Fragestellung: Dabei geht es nicht nur um das konkrete Gottesverständnis in den Religionen, sondern auch und letztlich um die Frage nach der Heilsmöglichkeit der Nichtchristen, um die Frage, ob auch Juden und Muslime in einer Heil schaffenden Beziehung zu der höchsten Wirklichkeit stehen können, die wir Christen den dreieinigen Gott nennen. Bei der Erörterung dieser Frage geht es nicht um ein Urteil über das persönliche Heil konkreter Menschen. Ein solches Urteil steht keinem Menschen zu. Es geht vielmehr um ein theologisch verantwortetes Argumentieren in der Frage, ob Menschen außerhalb der eigenen Glaubensgemeinschaft in einer wahrhaften Gottesbeziehung stehen können.

Will man eine tragfähige Antwort auf die Frage »Glauben Juden, Christen und Muslime an den gleichen Gott?« finden, so muss man sich in einem ersten Schritt mit dem Gottesverständnis dieser Religionen beschäftigen. Die Zeit, in der über andere Religionen Urteile abgegeben wurden, ohne deren Selbstverständnis zu kennen und zu befragen, sollte ein für alle Mal vorbei sein.

Das Gottesverständnis der oft auch als »abrahamitisch« bezeichneten Religionen wird im Folgenden in jeweils eigenen Kapiteln dargestellt. Dabei folgen diese Kapitel demselben Schema: Sie beginnen nicht mit den dogmatischen Lehren, sondern mit dem Kern der drei Religionen, dem Gebet. Nicht das Opfer und auch nicht die Werke sind in den monotheistischen Religionen primär von Bedeutung, sondern der persönliche Glaube, der sich im individuellen und gemeinschaftlichen Gebet und Gottesdienst ausdrückt und dadurch zugleich geformt und genährt wird.

Wollen wir in das Innerste einer Religion eintauchen und etwas über das Verständnis der Gott-Mensch-Beziehung einer Religion erfahren, müssen wir die konkrete Praxis des Gebets in Form und Inhalt miterleben und reflektieren. *Lex orandi, lex credendi* – »Das Gesetz des Betens ist das Gesetz des Glaubens«: Dieser uralte Grundsatz gilt für Judentum, Christentum und Islam gleichermaßen. Zuerst war das Gebet in Form von Anrufung, Lobpreis, Dank, Bitte und Klage als Ausdruck der Glaubenserfahrung, dann erst folgte die theologische Reflexion über diese Glaubenserfahrung. Die Theologie muss sich stets und immer wieder am gelebten Glauben der Gemeinschaft orientieren, aber der Glaube bedarf auch der theologischen Reflexion.

Praxis und Theologie des Gebets speisen sich aus den jeweiligen Quellen, den heiligen Schriften und Traditionen der Religionen, die in einem weiteren Schritt auf ihr Gottesverständnis hin befragt werden. Schließlich sind die theologiegeschichtlichen und theologisch-systematischen Gesichtspunkte der jeweiligen Gotteslehren zu erörtern, wozu auch zumindest ein Seitenblick auf die mystischen Traditionen der drei Religionen gehört.

Um die Frage beantworten zu können, ob Juden, Christen und Muslime zum gleichen Gott beten, genügt ein Vergleich der Gebetspraxis und der Gottesvorstellungen allerdings nicht. Ein bloßer Vergleich der Gottesbilder würde auf der rein äußerlichen, religionsphänomenologischen Ebene stehen bleiben, aber nichts über den theologischen Wahrheitsgehalt aussagen. Wir müssen also tiefer eindringen in das »Geheimnis des Heils«, wohl wissend um die Begrenztheit unseres theologischen Mühens. Stückwerk ist das menschliche Erkennen gerade in Bezug auf diese Frage (vgl. 1 Kor 13,9). Und doch haben die Menschen Offenbarungen empfangen und sind vom Schöpfer mit Vernunft ausgestattet worden. Die Religionen sind aufgefordert, beides zu benutzen und kritisch aufeinander zu beziehen, wie Papst Benedikt XVI. 2006 in seiner Vorlesung in Regensburg gefordert hat. Deshalb werden im Schlussteil des Buches systematisch-theologische Überlegungen angestellt, die eine – freilich stets vorläufig und unvollständig bleibende – Antwort aus dezidiert christlicher Sicht zu geben versuchen.

Die Darstellung des Gottesglaubens von Juden und Muslimen in diesem Buch ist eine Außenperspektive, die Perspektive eines katholischen Theologen und Religionswissenschaftlers. Sie wird deshalb nie mit der Innenperspektive und dem Selbstverständnis der anderen Religion völlig zur Deckung kommen. Zudem ist es praktisch unmöglich, auf so beschränktem Raum sämtliche Aspekte, Strömungen und Entwicklungen der Gottesvorstellungen und -verehrung der drei Weltreligionen zu berücksichtigen. Umso mehr danke ich Rabbiner Dr. Tom Kuçera (München) und Prof. Dr. Abdullah Takim (Frankfurt), dass sie den jeweiligen Abschnitt über ihre Religion durchgesehen und mir wertvolle Anregungen und Hinweise gegeben haben. Ebenso danke ich Dr. Hansjörg Schmid, Prälat Dr. Nikolaus Wyrwoll und Waltraud Elisabeth Averdam für ihre wichtigen Hinweise und Korrekturen zum gesamten Manuskript. Für etwaige verbliebene Fehler und Unzulänglichkeiten jedoch bin allein ich verantwortlich. So beginne ich meine Überlegungen mit einem Bekenntnis, mit dem muslimische Theologen ihre Bücher zu beenden pflegen: »Gott weiß es am besten!«

Andreas Renz
München, Februar 5771/2011/1432

»Höre, Israel,
der Herr, unser Gott,
der Herr ist Einer!«

I.

Das Gottesverständnis
im Judentum

1. Anbetung Gottes im jüdischen Gebet und Gottesdienst

»Auf drei Dingen steht die Welt: auf der Tora, auf dem Gottesdienst und auf den guten Werken« (Awot I,2). Jüdische Frömmigkeit artikuliert sich in diesem »Dreiklang« von göttlicher Weisung, menschlichem Gebet und Handeln. Das Gebet ist der zentrale »Ausdruck der wechselseitigen Liebesbeziehung zwischen Gott und Israel« (Schalom Ben-Chorin), es ist der »Gottesdienst des Herzens« (Jakob J. Petuchowski). Im jüdischen Gebetbuch, dem *Siddur* (»Ordnung«), spiegelt und verdichtet sich die über 3000-jährige Glaubensgeschichte des Volkes Israel: »Mehr als jedes andere Buch ist das Gebetbuch deshalb eine Zusammenfassung der Erinnerungen, Gedanken, Befürchtungen, Hoffnungen und Sehnsüchte, die das jüdische Volk durch die Jahrhunderte beseelt haben. Wenn es also so etwas gibt wie eine kollektive jüdische Seele, dann findet man sie im Siddur.«[1]

Im Folgenden – dies gilt auch für die Abschnitte über das Christentum und den Islam – werden nicht alle Teile des jeweiligen Gottesdienstes oder Ritualgebets thematisiert. Das wäre angesichts der vielfältigen Formen und der verschiedenen religiösen Richtungen nicht möglich. Vielmehr soll es jeweils um die zentralen Gebete und Inhalte gehen, also um die Grundelemente, die für wichtige Strömungen innerhalb der Religionen stehen. Ziel dabei ist es, sich so dem Wesen des Gebets und des Gottesdienstes in der jeweiligen Religion anzunähern. Für das Judentum sind das die Wochentags- und Sabbatgebete, die am häufigsten gefeierten gemeinschaftlichen Gottesdienste.

Struktur des jüdischen Gottesdienstes

Traditionell gibt es im Judentum drei Gottesdienste oder Gebetszeiten am Tag: das Morgengebet, das Nachmittagsgebet und das Abendgebet, wobei die letzteren beiden oft unmittelbar hintereinander vollzogen werden. Sie können in der Synagoge, zu Hause oder an jedem anderen Ort gebetet werden, denn die ganze Erde ist voll der Herrlichkeit Gottes (vgl. Ps 24). Überall, wo sich Juden zum Gebet versammeln, lässt sich nach talmudischer Überlieferung die Gegenwart Gottes, die *Schekhina*, nieder. Die beiden räumlichen Pole des jüdischen Gebetes sind Synagoge und Haus und damit die jüdische Gemeinde und die Familie. An Festen wie *Pessach* oder *Sukkot* (Laubhüttenfest) jedoch spielt sich das Wesentliche zu Hause im Kreis der Familie ab.

Alle jüdischen Gottesdienste, auch die an den Festtagen, haben dieselbe verbindliche Grundstruktur: Es gibt einen Eingangs- und einen Schlussteil als Rahmen, im Zentrum steht immer die *Amida*, das »Achtzehngebet«. Morgens und abends wird vor der Amida das Glaubensbekenntnis (*Sch'ma Jisrael*) mit Segenssprüchen rezitiert, am Sabbat- sowie am Montag- und Donnerstagmorgen folgt nach der Amida die Toralesung, denn keine drei Tage sollen ohne Tora vergehen. Diese konstitutiven Elemente werden wir im Folgenden etwas näher betrachten.

Eröffnung und Glaubensbekenntnis

Ein öffentlicher jüdischer Gottesdienst beginnt nach einem Vorbereitungsteil offiziell mit dem Aufruf des Vorbeters: »Preist den Ewigen, den Gepriesenen!«, wozu die Gemeinde aufsteht, sich verbeugt und antwortet: »Gepriesen sei der Ewige, der Gepriesene, immer und ewig!« Die betende Ge-

15

meinde steht nun in Konzentration und Andacht (*Kawana*) vor Gott, und zwar gemeinsam. Der Rabbiner und Liturgiewissenschaftler Jakob J. Petuchowski schreibt dazu:

> »*Wenn ein Jude betet, ist das nicht, wie wenn ein endliches menschliches Wesen es sich plötzlich in den Kopf gesetzt hätte, seinen Geist dem unendlichen Geist Gottes zuzuwenden. Eher baut er sozusagen auf früher, viel früher angeknüpfte Kontakte auf. Die Glaubensgemeinschaft Israels steht heute betend vor dem Gott Israels, so wie sie schon je seit dem Sinai vor ihm stand, ja, wie schon die Erzväter Abraham, Isaak und Jakob sich ihm zugewandt hatten zu einer Zeit, als unser Volk nichts als eine einzige Stammesfamilie war. Das Gebet, das ich an ›unsern Gott und den Gott unserer Väter, Gott Abrahams, Gott Isaaks und Gott Jakobs‹ richte, ist in der Tat das Gebet, das ich an ihn richte, aber es ist ebenso ein Faden des Schmuckteppichs, an dem ganze Generationen meiner Ahnen gewebt haben und der sich den vielen anderen Fäden einreiht, die meine Mitjuden aus allen Teilen der Welt in diesem Moment dazuweben. Mit anderen Worten: Wenn ich betend vor Gott stehe, stehe ich nicht allein. Ich stehe in Gemeinschaft mit meinem Volk – eine Gemeinschaft, sichtbar und unsichtbar, die Raum und Zeit umfasst.*«[2]
>
> Jakob J. Petuchowski

Es folgen (am Morgen und am Abend) zwei Lob- oder Segenssprüche. Dann wird das *Sch'ma Jisrael* rezitiert, das grundlegende Glaubensbekenntnis des Judentums, »das große Manifest des Monotheismus« (Louis Jacobs): »Sch'ma Jisrael, Adonai Elohenu, Adonai Echad« (Dtn 6,4). Viel hängt von der Übersetzung dieser Bekenntnisformel ab. Die Übersetzung von Martin Buber und Franz Rosenzweig lautet:

»Höre Israel: ER unser Gott, ER Einer!« Die katholische Einheitsübersetzung formuliert: »Höre, Israel! Jahwe, unser Gott, Jahwe ist einzig.« Die neuere Version der Luther-Bibel übersetzt: »Höre Israel, der Herr ist unser Gott, der Herr allein.« Die Variationen scheinen auf den ersten Blick minimal und ohne Bedeutung zu sein und doch kommt in den Übersetzungen das jeweilige theologische Vorverständnis zum Ausdruck.

Zum einen stellt sich die Frage nach der Wiedergabe des Gottesnamens: Im Judentum ist es seit Langem üblich, das sogenannte Tetragramm (vier Buchstaben) JHWH des hebräischen Urtextes nicht zu schreiben und nicht auszusprechen, sondern durch die Gottesanrede *Adonai* (»mein Herr«) oder *HaSchem* (»der Name«) zu ersetzen, um einen möglichen magischen Missbrauch des göttlichen Namens zu vermeiden (vgl. Ex 20,7). Außerdem weiß heute niemand mehr, wie das Tetragramm richtig auszusprechen ist. Deutsche Übersetzungen jüdischer Texte verwenden dafür oft das Wort »der Ewige« (Moses Mendelssohn) oder »ER« (Martin Buber und Franz Rosenzweig). Die bisherige katholische Einheitsübersetzung gibt das Tetragramm ungeniert mit »Jahwe« wieder. Christen sollten jedoch, zumindest in Gegenwart von Juden, diesen Namen auf keinen Fall aussprechen. Papst Benedikt XVI. hat als Zeichen des Respekts gegenüber jüdischen Sensibilitäten angeordnet, das Tetragramm im liturgischen Kontext künftig nicht mehr zu verwenden und es stattdessen mit »Herr« oder »Gott« wiederzugeben.

Zum anderen kommt es auf die Wiedergabe des Wortes *echad* an. Das jüdische Verständnis hat dieses Wort »in dreifacher Weise interpretiert: als ›eins‹, als ›einzig‹ und als unteilbare Einheit«[3]. Entscheidend aber für das Verständnis dieser Stelle ist, dass hier weniger etwas über das Wesen Gottes, sondern vielmehr etwas über seine Präsenz und sein Handeln ausgesagt wird: Gott sagt seine Heil bringende Gegenwart zu – das genügt. Der Mensch aber soll zuerst diese Zusage hören, und dieses Hören ist bereits das Erfüllen des ersten und wichtigsten Gebotes. Denn nur ein hörendes Israel kann die Treue zum Bund Gottes wahren.

Die Gesamtlesung an dieser Stelle des Morgen- und Abendgebets beschränkt sich nicht auf diesen einen Vers aus dem 5. Buch Mose (Dtn 6,4), sondern umfasst die Rezitation dreier inhaltlich zusammenhängender Textabschnitte, die hier nach dem Gebetbuch des liberalen Judentums in Deutschland wiedergegeben werden[4]:

>»Höre, Israel! Der Ewige, unser Gott, der Ewige ist eins. Du
>sollst den Ewigen, deinen Gott, lieben mit deinem ganzen
>Herzen, mit deiner ganzen Seele und mit deinem ganzen
>Vermögen. Diese Worte, die ich dir jetzt gebiete, sollen dir
>stets im Herzen bleiben. Du sollst sie deinen Kindern ein-
>schärfen und davon reden, ob du zu Hause sitzt oder auf Rei-
>sen bist, ob du dich niederlegst oder ob du aufstehst. Binde sie
>zum Zeichen an deine Hand. Trage sie als Stirnbinde zwi-
>schen deinen Augen und schreibe sie auf die Pfosten deines
>Hauses und an deine Tore.«*

Dtn 6,4–9

>»Werdet ihr also meinen Geboten gehorchen, die ich euch
>jetzt gebe, um den Ewigen, euren Gott, von eurem ganzen
>Herzen und von eurer ganzen Seele zu lieben und ihm zu
>dienen, so will ich eurem Land Regen geben zur rechten Zeit,
>Frühregen und Spätregen, damit du dein Getreide, Most und
>Öl einsammelst, und will für dein Vieh Gras wachsen lassen
>auf deinem Feld, dass du zu essen habest in Überfluss. Hütet*

euch aber, dass euer Herz nicht verführt werde, dass ihr etwa abweicht und anderen Göttern dient und sie anbetet. Der Zorn des Ewigen würde über euch entbrennen. Er würde den Himmel verschließen, dass kein Regen komme. Die Erde würde ihr Gewächs nicht hervorbringen und ihr würdet gar bald zugrunde gehen, fern von dem vortrefflichen Land, das euch der Ewige geben will. Nehmt euch also diese Worte zu Herzen und zu Gemüte, bindet sie auch zum Zeichen auf die Hand und traget sie als Stirnbinde zwischen euren Augen. Lehrt sie eure Söhne, um beständig davon zu sprechen, wenn du zu Hause sitzt oder auf der Reise bist, wenn du dich hinlegst und wenn du aufstehst. Schreibe sie auf die Pfosten deines Hauses und an deine Tore, damit ihr und eure Kinder auf dem Erdreich, das der Ewige euren Eltern geschworen hat es ihnen zu geben, lange bleiben möget, solange der Himmel über der Erde sein wird.«

Dtn 11,13–21

»Ferner sprach der Ewige zu Mosche wie folgt: ›Rede mit den Kindern Israels und sage ihnen, sie sollen bei allen ihren Nachkommen Schaufäden an die Ecken ihrer Kleider machen und an diesen Schaufäden eine Schnur von dunkelblauer Wolle befestigen. Diese sollen euch zu Schaufäden dienen, dass ihr sie seht und euch aller Gebote des Ewigen erinnert und sie haltet, nicht aber eurem Herzen und euren Augen nachwandelt, die euch auf Abwege verführen. Ihr werdet dadurch meiner Gebote eingedenk sein, um sie zu halten und eurem Gott heilig zu sein. Ich bin der Ewige, euer Gott, der ich euch aus Mizrajim [Ägypten] geführt habe, um euer Gott zu sein. Ich, der Ewige, euer Gott!‹«

Num 15,37–41

19

Die Liebe zu Gott soll also mit dem ganzen Herzen, das heißt mit dem Verstand, mit der ganzen Seele, das heißt mit allen Sinnen, und mit sämtlichen menschlichen Kräften geschehen. Das Hören und Tun des Gotteswortes soll von Generation zu Generation weitergegeben werden und den ganzen Alltag prägen. Die äußeren Symbole wie Gebetsriemen und Gebetsschal mit Schaufäden dienen als Erinnerungszeichen. Der Verpflichtung, Gott zu lieben, folgt die Verpflichtung, die Gebote Gottes zu befolgen. Wer sich an sie hält, wird unter Gottes Segen stehen.

Nach der Rezitation dieser Abschnitte folgen wieder Lobsprüche, die den Inhalt der Bibelworte mit Verweis auf die Heilsgeschichte bestätigen und bekräftigen. Ein Abschnitt daraus weist große Parallelen zum Magnificat aus dem Neuen Testament (Lk 1,46–55) auf:

>>*Hoch ist er und erhaben,*
groß und furchtbar.
Er erniedrigt die Stolzen
Und erhöht die Niedrigen.
Er befreit die Gefangenen
und erlöst die Demütigen.
Er hilft den Armen
und erhöht sein Volk,
wenn es zu ihm schreit.<<

Die Amida oder das »Achtzehngebet«

Nach dem *Sch'ma Jisrael* am Morgen und am Abend bzw. im Anschluss an Psalm 144 am Nachmittag folgt die *Amida,* was wörtlich übersetzt »Standgebet« heißt, weil dieses Gebet im Stehen zu rezitieren ist. Das Stehen ist Ausdruck des Respekts vor dem gegenwärtigen Gott und symbolisiert zugleich das Sich-Gott-zur-Verfügung-Stellen. Während des Gebets sind an bestimmten Stellen insgesamt fünf Verbeugungen üblich: »Wenn wir uns beim Beten bewegen, beten wir mit unserem ganzen Körper, nicht nur in den Gedanken. Das Gebet sollte alles in uns durchdringen, nicht zuletzt sollte es nicht nur mit den Worten gesprochen werden, sondern die Worte sollten anschließend unser Denken und Handeln prägen.«[5] Auch die Gebetsrichtung nach Jerusalem ist von Bedeutung: Hier stand einst der jüdische Tempel und heute noch steht hier die Westmauer des Tempels als Ort der besonderen Gegenwart Gottes.

Die Amida ist auch bekannt als das »Achtzehn(bitten)gebet« (*Sch'mone Esre*), das heute jedoch neunzehn Benediktionen (*Berachot* = Lobpreisungen, Segenssprüche) enthält. (Am Sabbat hingegen werden nur sieben gesprochen.) Wahrscheinlich wurden die 14. und 15. Benediktion, die vorher eine Einheit bildeten, später getrennt, sodass auf diese Weise neunzehn Benediktionen entstanden sind.

Da es das wohl wichtigste Gebet des Judentums ist – das *Sch'ma Jisrael* ist ja streng genommen kein Gebet, sondern ein Bekenntnis –, wird es hier in einer orthodoxen Fassung vollständig wiedergegeben[6]:

Betende Juden an der Tempelmauer in Jerusalem

»*Ewiger, öffne meine Lippen,
dass mein Mund dein Lob verkünde.*

*(1) Gepriesen seist du, Ewiger, unser Gott, und Gott unserer
Väter, Gott Awrahams und Gott Jizchaks und Gott Jaakows,
großer, mächtiger und Ehrfurcht gebietender Gott; höchster
Gott, Vollbringer von Wohltaten und Schöpfer von allem, der
der Loyalität der Väter gedenkt und ihren Enkeln einen Erlöser bringt um seines Namens willen in Liebe. Er ist Retter
und Schutzschild. Gepriesen seist du, Ewiger, Schutzschild
Awrahams.*

*(2) Du bist ein Starker bis in Ewigkeit, Ewiger, Beleber der Toten.
In Regenzeiten sagt man: Er lässt die Winde wehen und den
Regen herabfallen. [In der Sommerzeit rezitiert man dies
nicht, sondern nur Folgendes:]
Er ernährt das Lebendige in Güte. Er belebt Tote in großem
Erbarmen. Er stützt Fallende. Er heilt Kranke. Er befreit Ge-
fangene und erweist seine Treue denen, die im Staube schla-
fen. Wer ist wie du, Vollbringer mächtiger Taten, und wer
gleicht dir, König, der tötet und belebt und Heil sprossen lässt
[in Bälde] und treu bist du, die Toten zu beleben. Gepriesen
seist du, Ewiger, der Tote belebt.*

*(3) Von Generation zu Generation erkennen sie (oder: er-
kennt!) Gott an, denn er allein ist erhaben und heilig. Und
das Lob, das wir dir, unser Gott, bringen, soll niemals in unseren Mündern verstummen. Denn ein großer und heiliger
König bist du. Gepriesen seist du, Ewiger, heiliger Gott.*

*(4) Du begabst den Menschen mit Verstand, das menschliche
Wesen lehrst du Einsicht. Lass uns begabt sein mit Verstand,
Vernunft und Klugheit. Gepriesen seist du, Ewiger, der mit
Verstand begabt.*

*(5) Führe uns, unser Vater, zurück zu deiner Tora, und nimm
uns, unser König, in deinen Dienst, und lass uns durch eine
vollständige Umkehr zu dir zurückkehren. Gepriesen seist
du, Ewiger, der Gefallen hat an Umkehr.*

*(6) Vergib uns, unser Vater, denn wir haben uns [gegen dich]
verfehlt. Verzeih uns, unser König, denn wir haben Unrecht
getan. [Denn du bist doch gütig und vergebend.] Gepriesen
seist du, Ewiger, der gnädig ist und dessen Geduld zu vergeben unendlich ist.*

(7) Sieh unser Elend und kämpfe unsere Kämpfe und erlöse uns bald um deines Namens willen. Denn du bist doch ein starker Erlöser! Gepriesen seist du, Ewiger, der Israel erlöst.

(8) Heile uns, Ewiger, unser Gott, dann sind wir geheilt von allen unseren Krankheiten. Denn du bist doch ein barmherziger, heilender Gott. Gepriesen seist du, Ewiger, der die Kranken seines Volkes Israel heilt.

(9) Segne, Ewiger, unser Gott, dieses Jahr für uns zum Guten. [Vom sechsten Tag nach der Tagundnachtgleiche im Tischri bis zum Nachmittagsgebet (Mincha), das Nachmittagsgebet eingeschlossen, bis zum Abend des ersten Tages von Pessach sagt man Folgendes: Gib Tau und Regen [zum Segen] auf den Ackerboden und Wind auf das Angesicht der Erde.] Sättige die ganze Welt mit deinen Gütern; fülle unsere Hände mit deinen Segnungen; lass die Gaben deiner Hände reichlich sein. Behüte und beschütze dieses Jahr vor allem Bösen, vor allen Arten von Zerstörern und vor allen Arten von Katastrophen; lass es eine Hoffnung sein und sein Ende Frieden. Gib Segen dem Werk unserer Hände. Segne es wie die guten Jahre mit Segnungen des Taus, Segen und Leben und Sättigung und Frieden. Gepriesen seist du, Ewiger, der die Jahre segnet.

(10) Lass zu unserer Freiheit das große Widderhorn ertönen. Erhebe das Feldzeichen, um unsere Zerstreuten zu sammeln. Rufe Freiheit aus, um uns zusammenzusammeln von den vier Enden der Erde. Gepriesen seist du, Ewiger, der die Verstoßenen seines Volkes Israel sammelt.

(11) Bringe unsere Richter zurück wie in der Urzeit und unsere Berater wie am Anfang. Regiere über uns mit Gerechtig-

keit und Recht. Gepriesen seist du, Ewiger, du liebst Gerechtigkeit und Recht.

(12) Den Abtrünnigen sei keine Hoffnung und die Sektierer mögen auf der Stelle vertilgt werden; alle Feinde deines Volkes mögen rasch ausgerottet werden und die Herrschaft des Frevels möge rasch ausgerottet und zerbrochen und unterworfen werden in unseren Tagen. Gepriesen seist du, Ewiger, der die Bösen zerbricht und die Frechen unterwirft.

(13) Lass deine Barmherzigkeit walten, Ewiger, unser Gott, über allen Gerechten, über allen Frommen und über allen Konvertiten. Gib allen, die wahrhaftig auf dich vertrauen, guten Lohn. Teile uns dasselbe Geschick zu wie ihnen. Lass uns bis in Ewigkeit keine Schande zugefügt werden. Gepriesen seist du, Ewiger, Stütze und Zuflucht für die Gerechten.

(14) Nach Jerusalem, deiner Stadt, kehre zurück. Erbaue sie als ein ewiges Gebäude in unseren Tagen. Gepriesen seist du, Ewiger, Erbauer Jerusalems.

(15) Lass den Spross Davids bald aufkeimen. Stärke unsere Kraft durch deine Hilfe. Gepriesen seist du, Ewiger, der die Kräfte der Hilfe aufkeimen lässt.

(16) Höre unsere Gebete, Ewiger, unser Gott, und erbarme dich über uns. Nimm unser Gebet in Barmherzigkeit und mit Wohlwollen an. Denn du bist doch ein Gott, der seit jeher unser Gebet und unsere Bitten hört. Lass uns nicht leer von dir zurückkehren, denn ein Vater voller Erbarmen bist du. Gepriesen seist du, Ewiger, der Gebet hört.

(17) Habe Gefallen an deinem Volk Israel, Ewiger, unser Gott, und höre auf seine Gebete. Bringe den Kult in das Heilige deines Hauses zurück und die Feuer Israels und seine Gebete mögest du bald in Liebe mit Wohlwollen empfangen. Der Kult Israels, deines Volkes, sei dir ewig wohlgefällig. Lass unsere Augen Ausschau halten nach deiner Rückkehr zum Zion in Erbarmen. Gepriesen seist du, Ewiger, der seine Gegenwart nach Zion zurückkehren lässt.

(18) Wir danken dir, denn du bist der Ewige, unser Gott, der Fels, auf dem unser Leben ruht, das Schutzschild zu unserem Heil von Generation zu Generation. Wir loben dich und erzählen von deinem Ruhm für unser Leben, das in deine Hand gegeben ist, und für unsere Seele, die dir anvertraut ist. Du bist der Gute, denn dein Erbarmen wird niemals aufhören, denn deine Gnade wird niemals versiegen, ja seit jeher hoffen wir auf dich. Du hast uns nicht in Schande kommen lassen, Ewiger, unser Gott; du hast uns nicht verlassen und hast dein Gesicht nicht von uns abgewendet. Für all dies preisen wir dich und erheben deinen Namen, unser König, allezeit. Alles, was lebt, möge dir danken, sela. Und man soll deinen guten Namen in Wahrhaftigkeit preisen. Gepriesen seist du, Ewiger, ›der Gute‹, das ist dein Name; schön ist es, dir zu danken.

(19) Gib uns Frieden, Gutes und Segen, Gnade und Barmherzigkeit, uns und deinem ganzen Volk. Segne uns alle, unser Vater, im Licht deines Angesichtes, denn im Licht deines Angesichtes hast du uns, Ewiger, unser Gott, die Leben spendende Tora gegeben, Liebe und Gnade, Gerechtigkeit und Barmherzigkeit und Frieden. Es gefällt dir, dein Volk Israel zu jeder Zeit mit Frieden zu segnen. Gepriesen seist du, Ewiger, der sein Volk Israel mit Frieden segnet.«

Dieses Gebet ist ein »Gebet des Lebens« (Schalom Ben-Chorin), weil es alle Dimensionen des Lebens, das geistliche und das leibliche, die Vergangenheit und die Zukunft, das Diesseits und das Jenseits, das Leben des Einzelnen wie das der Gemeinschaft, umfasst.

Das Gebet wird mit einem Psalmvers eingeleitet (51,17) und mit einem weiteren Psalmvers (19,15) beschlossen. Die erste Benediktion identifiziert den Gott der eigenen, persönlichen Erfahrung (»unser Gott«) mit dem Gott der Erzväter (*Awot*). Die Betenden stellen sich also zu Beginn in die Tradition Israels, der Ahnen. Gott wird als großer, mächtiger, Ehrfurcht gebietender Gott (vgl. Dtn 10,17), als Schöpfer und Erlöser gepriesen. Im Zentrum des zweiten Lobspruchs steht die belebende, erhaltende und vor allem auferweckende Kraft Gottes. Seine Macht ist größer als der Tod (vgl. Mk 12,24). Im Gemeindegottesdienst erklingt dann die *Keduscha*, das »Sanctus«:

> *»Heilig, heilig, heilig ist der Ewige, der Herrscher aller Geschöpfe, die ganze Welt ist mit Gottes Gegenwart erfüllt!«*
>
> *Jes 6,3*

In der dritten Lobpreisung bekennt sich der Betende zur Heiligkeit Gottes. An den Wochentagen folgen nun dreizehn Bitten (sonst die »Heiligung des Tages«): die Bitte um Vernunft und Einsicht (4), um die Kraft zur Umkehr (5), um die Vergebung der Sünden (6), um die baldige Erlösung Israels (7), um die Heilung von Krankheiten (8), um ein gutes, fruchtbares, friedvolles Jahr (9), um die Sammlung der Zerstreuten und die Freiheit (10), um die Wiedereinführung der eigenen Rechtsprechung (11), um die Vernichtung der Sektierer, Feinde und Frevler (12), um das göttliche Erbarmen für alle Gerechten und Frommen (13), um den Wiederaufbau Jerusalems (14), um die Wiederherstellung des davidischen Königshauses in messianischer Zeit (15) und um die Erhörung der Gebete (16). Vor allem die letzten Bitten, in denen es um nationale Anliegen geht, gibt es im progressiven Judentum außerhalb Israels in abgewandelter Form: So wird hier nicht mehr für die Rückführung der Zerstreuten oder die Wiedereinführung einer eigenen Gerichtsbarkeit gebetet, ebenso wenig für die Vernichtung der Feinde oder das Kommen eines personalen Messias. Gebetet wird stattdessen allgemein für die Freiheit, die Gerechtigkeit, für die Überwindung von Ungerechtigkeit und für das universale und umfassende Heil, also für das Kommen des Reiches Gottes.

Eine besondere Problematik, gerade im Verhältnis zum Christentum, stellt die 12. Benediktion, der sogenannte Ketzersegen, dar, der sich unter anderem gegen die Judenchristen richtete, denen es nach Einführung dieser Benediktion Ende des 1. Jahrhunderts n.Chr. nicht mehr möglich war, am Synagogengottesdienst teilzunehmen. So wurde der Ketzersegen zum Abbild des schmerzlichen Trennungsprozesses von Synagoge und Kirche. In den reformierten Gebetbüchern wird der traditionelle Ketzersegen in eine Bitte um das Ende jeglicher Gewalt umgewandelt oder ganz weggelassen. Nach der 12. Benediktion werden oft persönliche Bitten gesprochen. Den Abschluss des Achtzehngebetes bilden die Bitte um die Wiedereinführung des Tempelkults und die Rückkehr nach Zion (17), die im progressiven Judentum wiederum durch andere Bitten ersetzt wird, Dank und Lob für die erwiesenen Gnaden (18) und schließlich die Bitte um umfassenden Segen und Frieden (19). Im Anschluss wird in der Regel ein stilles Gebet gesprochen, das sich an Vorlagen aus der rabbinischen Tradition orientiert. Grundsätzlich dürfen alle Anliegen des

Menschen Gegenstand des Bittgebets sein, sofern sie im Einklang mit dem Glauben stehen. Das Bittgebet macht bewusst, dass der Mensch von Gott abhängig ist. Der gläubige Jude weiß, dass das Gebet kein magisches Instrument ist, um Gott beeinflussen zu können. Vielmehr sieht er im Gebet selbst bereits die Antwort Gottes: »Ehe sie rufen, will ich antworten, während sie noch reden, will ich sie erhören« (Jes 65,24). Und so enden sämtliche Bitten des Achtzehngebets mit Lobpreisungen für das, was Gott getan hat, was er gegenwärtig tut und was er in Zukunft tun wird.

Die Toralesung

Nach der Amida folgt der Schlussteil des Gottesdienstes, am Sabbat-, Montag- und Donnerstagmorgen aber folgt die Toralesung. Die Tora ist die Grundlage des Judentums, sie ist Zeichen und Ausdruck des Bundes zwischen Gott und seinem Volk. Die Torarolle, wie ein König bemantelt und gekrönt, wird aus dem Toraschrein gehoben und in einer Prozession durch die Gemeinde zum Lesepodest (*Bima*) getragen, während Lobpreisungen und das *Sch'ma* rezitiert werden. Die Toralesung selbst ist von Lobsprüchen umrahmt.

Die Tora ist in 54 Wochenabschnitte unterteilt, sodass innerhalb eines Jahres, zumindest in traditionellen Gemeinden, einmal die gesamte Tora im Gottesdienst gelesen wird. An bestimmten Festtagen gibt es zusätzliche Lesungen aus den Prophetenbüchern und den sogenannten Schriften: So wird zum *Pessach* das Hohelied, zum Wochenfest (*Schawuot*) das Buch Rut, zum Laubhüttenfest (*Sukkot*) das Buch Kohelet und zum *Purimfest* das Buch Ester gelesen.

Auf die Lesung folgen die Predigt, welche in der Regel den Inhalt der Lesung aufgreift, und Fürbittgebete, bis die

Grundlage des Judentums: die Tora
(im Bild: eine Torarolle für Kinder)

Tora wiederum in einer Prozession zum Schrein zurückge-
bracht wird. Der ganze Vorgang symbolisiert und vergegen-
wärtigt den Empfang der Tora am Berg Sinai und damit auch
die unmittelbare Gegenwart Gottes in seinem Wort: Die
Tora »ist Mittlerin zwischen Göttlichem und Menschlichem«[7].

Schlussteil: Alenu und Kaddisch

Wichtigstes Gebet im Schlussteil des jüdischen Gottesdienstes ist das *Alenu,* das nach den Anfangsworten »Es ist unsere
Aufgabe« benannt ist. In der ersten Hälfte des Alenu geht es
um den Lobpreis des Schöpfers, im zweiten Teil um die Erwartung der universalen Herrschaft dieses einen Gottes.

Grundgedanke beider Teile ist die Königsherrschaft Gottes, die zeitlich eingespannt ist zwischen Anfang und Ende der Welt. Israels Aufgabe durch die Erwählung besteht darin, Gott als den Herrn und König des Alls zu preisen und zu verkündigen und die Tora zu leben:

> »Es ist unsere Aufgabe, den Ewigen, der alles in seinen Händen hält, zu preisen und die Größe des Schöpfers aller Anfänge anzuerkennen. Gott hat uns aus allen Völkern erwählt, um uns die Tora zu geben. Wir knien nieder; wir verneigen uns und danken in der Gegenwart des allmächtigen Gottes, Gott regiere über alle Herrschenden in der Welt, Gottes Heiligkeit sei gepriesen! Denn Gott hat die Weite des Himmels geschaffen und die Erde gegründet. Gottes Ehre ist so umfassend wie der Himmel über uns, und Gottes Kraft reicht bis in die fernsten Höhen. Der lebendige Gott ist unser Gott – niemand sonst. Gott ist unser Leben anvertraut – niemandem außer Gott! So wie es geschrieben ist in der Tora: ›Heute sollst du erkennen und dir zu Herzen nehmen: Der Ewige ist der Gott im Himmel droben und auf der Erde unten, niemand sonst‹ (Dtn 4,39).«

> »Darum hoffen wir darauf, Ewiger, unser Gott, dass deine Stärke bald für uns sichtbar wird, dass die Anbetung des Geldes von der Erde verschwinden und dass Vorurteile und Aberglaube ausgerottet werden; dass die Welt von deiner Herrschaft geprägt ist und alle Menschen deinen Namen anrufen; dass alle Ungerechten der Welt sich dir zuwenden. Alle Bewohner der Erde sollen erkennen und wissen, dass sich vor dir jedes Knie beugt und jede Zunge bei dir schwört. Vor dir, Ewiger, unser Gott, wird man sich beugen und niederfallen, und man wird der Herrlichkeit deines Namens Achtung erweisen. Alle werden deine Herrschaft anerkennen, und du

31

wirst bald über alle herrschen, von nun an bis in Ewigkeit. Denn dir allein gebührt die Herrschaft, und du herrschst bis in alle Ewigkeit in Herrlichkeit, wie es geschrieben steht in deiner Tora: ›Gott regiert für immer und ewig‹ (Ex 15,18).«

»Und es ist gesagt: ›Dann wird Gott über die ganze Erde herrschen. An jenem Tag wird Gott einzig sein und sein Name einzig‹ (Sach 14,9).«[8]

Während das private Gebet mit dem Alenu endet, schließt sich beim Gemeindegebet das *Kaddisch* an, das vielleicht bekannteste Gebet des Judentums, das es in verschiedenen Variationen gibt und das zu verschiedensten Anlässen gebetet wird. »Das Kaddisch-Gebet erklärt Gott für heilig. Gott sei erhaben und heilig in der Welt, die er nach seinem Willen geschaffen hat, und zwar in der Weise, dass Gottes Herrschaft für das Leben der Betenden und für das Leben aller Juden verbindlich sei. Die Heiligkeit Gottes bedeutet die Akzeptanz seines Willens bei allen seinen Geschöpfen.«[9] Der betende Jude weiß sich im Chor mit den Engeln, wenn er mit folgenden Worten (*Kaddisch Jatom*) die Heiligkeit Gottes verkündet (vgl. Jes 6,3) – eine Vorstellung, die auch die christliche Liturgie übernommen hat:

»Verherrlicht und geheiligt werde Gottes großer Name in der Welt,
die Gott nach eig'nem Ratschluss schuf.
Gottes Reich erstehe in eurem Leben und zu euren Zeiten
und im Leben ganz Israels schnell und bald.
Darauf sprecht: Amen.
Gottes großer Name sei gepriesen,
immerzu und bis in Ewigkeit!

Gottes Name sei gepriesen und gelobt,
Gottes Name sei verherrlicht und erhoben.
Gottes Name sei verehrt und gerühmt,
Gottes Name sei gefeiert und besungen.
Gepriesen sei er über allem Lob und jedem Lied,
hoch über allem Preis und jedem Trost der Welt.
Darauf sprecht: Amen.

Frieden in Fülle komme vom Himmel,
Leben für uns und ganz Israel.
Darauf sprecht: Amen.

Gott schafft Frieden in der Höhe.
Möge Gott uns und ganz Israel Frieden geben.
Darauf sprecht: Amen.«[10]

Die Nähe des Kaddisch zu den ersten Bitten des Vaterunser (»Geheiligt werde dein Name, dein Reich komme, dein Wille geschehe ...«) ist offensichtlich. Im Laufe der Zeit ist das Kaddisch auch zum Gebet der um die Verstorbenen Trauernden geworden, weil es gerade in der Situation der Trauer die Hoffnung auf das Reich Gottes ausspricht. So wurde es auch von den Gefangenen im Konzentrationslager Auschwitz gebetet.

Noch vieles könnte und müsste zum reichen Gebetsschatz des Judentums gesagt werden, aber deutlich wurde: Gebet und Gottesdienst im Judentum bedeuten Beziehung, Gemeinschaft zwischen Gott und seinem Volk. Kaum ein anderes Gebet bringt diese innige Beziehung so zum Ausdruck wie das folgende, das am Versöhnungstag (*Jom Kippur*) mehrfach gesungen wird:

»Denn wir sind dein Volk; du bist unser Gott.

Wir sind deine Kinder; du bist uns Vater und Mutter.

Wir sind deine Knechte und Mägde; du gebietest uns.

Wir sind deine Gemeinde; du bist unser Teil.

Wir sind dein Erbe; du bist unser Schicksal.

Wir sind deine Herde; du weidest uns.

Wir sind dein Weinberg; du pflegst uns.

Wir sind dein Werk; du hast uns geschaffen.

Wir sind die von dir Geliebten; du liebst uns.

Wir sind dein Eigentum; du bist uns nahe.

Wir sind dein Volk; du regierst über uns.

Wir bringen dich zu Ehren; du bringst uns zu Ehren.«[11]

2. JHWH – Der biblische Gott

Der jüdische Gottesglaube, wie er in Gebet und Liturgie, aber auch im konkreten Handeln und alltäglichen Leben zum Ausdruck kommt, hat seine primäre Quelle natürlich in der Hebräischen Bibel, im sogenannten *Tanach,* der aus den drei Teilen *Tora* (Weisung), *Neviim* (Propheten) und *Ketuvim* (Schriften) besteht. Durch die vielfältigen Überarbeitungen der verschiedenen Textschichten wird dem heutigen Leser nicht mehr deutlich, dass das biblische Gottesbild nicht »vom Himmel gefallen«, sondern Ergebnis einer jahrhundertelangen Glaubenserfahrung, aber auch der Interaktion mit den Religionen des alten Vorderen Orients ist. Im Folgenden soll diese komplexe Geschichte in knappen Zügen skizziert werden.

Die Entwicklung der JHWH-Verehrung: Vom praktischen zum theoretischen Monotheismus

Ende des 2. Jahrtausends (ca. 1250–1000) v.Chr. begann bei israelitischen Clans in Palästina, die zunächst ohne Zentralinstanz lose miteinander verbunden waren, die Verehrung des JHWH als Stammesgott. Die Verehrung dieses Gottes brachten wahrscheinlich Gruppen nach Kanaan, die in Ägypten Fronarbeit leisten mussten und JHWH als ihren Schutz- und Befreiergott erfuhren. Im 12. und 11. Jahrhundert v.Chr. verstärkten sich die Einflüsse der ägyptischen *Amun*-Verehrung auf den JHWH-Glauben in Palästina: *Amun* ist der allgegenwärtige und zugleich doch verborgene, bildlich nicht darstellbare höchste Gott, der allein durch seinen Namen repräsentiert wird. Diese Konzeption schlägt sich in der Bibel in der bekannten Deutung des spezifisch israelitischen Gottesnamens nieder: »Ehje ascher ehje« –

»Ich bin, der ich bin« oder »Ich werde sein, der ich sein werde« (Ex 3,14). Das »Ich« verweist auf die Selbstoffenbarung
und Personhaftigkeit Gottes. Der Name aber bleibt letztlich
bewusst deutungsoffen. Es geht bei der Selbstvorstellung weniger um eine Wesensaussage, sondern vielmehr um Gottes
Zusage, stets da zu sein, mit seinem Volk zu sein, stets derselbe zu sein und zu bleiben. So wie sich Gott in der Vergangenheit als Retter und Befreier gegenüber seinem Volk erwiesen
hat, so wird er es auch jetzt und in Zukunft tun: Er ist der
Treue und Verlässliche.

Anfang des ersten Jahrtausends v.Chr. kommt es im Gefolge der Auseinandersetzungen mit den Philistern zur Bil-
dung eines monarchischen Staates in Israel (davidisch-salo-
monisches Reich) und JHWH wird zum »Staatsgott« am
Zentralheiligtum in Jerusalem. Der Tempel wird zur irdischen Wohnstatt, zum Ort der Gegenwart des königlichen
Gottes. JHWH wird als universaler Schöpfergott und Herr
des Lebens verstanden, wie ihn die biblische Urgeschichte
zeichnet (vgl. Gen 2ff). Der »Staatsgott« ist aber auch zugleich »Kriegsgott« (vgl. Jos). Eng damit verbunden ist die
Vorstellung von JHWH als dem Eigentümer des Landes Israels, der es dem Volk Israel übergeben hat. Um jedoch Missverständnissen vorzubeugen, die dem alttestamentlichen
Gottesbild einseitig gewalttätige und kriegerische Züge an-
lasten, muss als historische Wahrheit festgehalten werden:
»Die allermeisten Kriege sind dem biblischen Israel aufge-
zwungen worden. Israel war der Spielball der Großmächte
vom Nil und aus dem Zweistromland. Das biblische Israel
hatte unter den Kriegen zu leiden« und setzte sich damit unter anderem durch eine Art Kriegstheologie auseinander,
»die Israels Gott von dem Verdacht befreien wollte, er sei gar
kein Gott, weil die Götter der Großmächte mit ihm machen
könnten, was sie wollten«[12].

Das Christentum, das sich in seiner Geschichte nicht selten gerade auf diese »Kriegstheologie« des Alten Testaments, etwa zur Legitimation der Kreuzzüge, berief, sollte besonders vorsichtig damit sein, das Problem der Gewalt einseitig auf das Alte Testament zu schieben. Der in letzter Zeit immer wieder erhobene Vorwurf, der mit dem Judentum aufkommende Monotheismus impliziere Intoleranz und totalitäres Einheitsdenken, lässt sich nicht halten: Der jüdische Monotheismus ist vielmehr »*gegen* Unterdrückung und politische Gewalt entstanden. Er ist von *seiner Mitte her* antiherrschaftlich und sogar gewaltkritisch«[13]. Gerade das Judentum war immer wieder Opfer von Verfolgung und Gewalt, womit nicht geleugnet werden soll, dass es auch im Namen des Judentums Gewalt gab und gibt.

Nach der Herrschaft Salomos zerfällt das Reich in das Südreich Juda und das Nordreich Israel. Im 9. und 8. Jahrhundert kommt es im israelitischen Kult auch zu einer Verehrung anderer, kanaanitischer Gottheiten wie beispielsweise die des Baal. Dies ruft die JHWH-Alleinverehrung und die Kritik von Propheten wie Elija und Elischa, Amos und Hosea, Jesaja und Micha am Fremdgötterkult hervor. Der Untergang des Nordreiches Israel im Jahr 722 v.Chr. durch die Assyrer wird als Folge der Abwendung von JHWH gesehen. Im 7. Jahrhundert mündet diese prophetische Kritik und Umkehrforderung in die Formulierung des Glaubensbekenntnisses (vgl. Dtn 6,4f) und des ersten Gebots des Dekalogs: »Ich bin JHWH, dein Gott, der dich aus Ägypten geführt hat, aus dem Sklavenhaus. Du sollst neben mir keine anderen Götter haben« (Dtn 5,6f; vgl. Ex 20,2–3; vgl. Hos 13,4).

Die treue Liebe Gottes zu Israel, sein »Bund«, und die Forderung, das Volk Israel möge diese Liebe in ebensolcher Treue und Ausschließlichkeit erwidern, also den Bund Gottes halten – dies rückt ins Zentrum der sogenannten deuteronomischen Theologie des 7. Jahrhunderts. Die »Charta« dieses Bundes bilden die »Zehn Gebote« (Ex 20; Dtn 5). Jerusalem wird durch die Reform des Königs Joschija (641–609 v.Chr.) wieder zum Zentrum des israelitischen Kultes, die JHWH-Alleinverehrung wird zum staatlichen Gesetz. Während in der altorientalischen Umwelt Israels die Liebe des Volkes dem König galt, gilt sie in Israel nun dem einen Gott (vgl. Ez, Jer). Die Liebe zwischen Gott und seinem Volk wird in Israel auch nicht über den König vermittelt, sondern sie ist unmittelbar. Nicht der König ist Ebenbild und Repräsentant Gottes, sondern jeder einzelne Mensch (vgl. Gen 1,27). Die Königswürde wird also gleichsam »demokratisiert« – hier liegt eine der wichtigsten Wurzeln der neuzeitlichen Menschenrechtsidee.

Deshalb muss die Gottesliebe ihre Entsprechung in der Liebe zum Nächsten, also zum Volksangehörigen, aber auch zum Fremden, zum Nichtisraeliten finden (vgl. Dtn 6,5; Lev 19,18.34). Das Gebot zur »Nächstenliebe« zielt auf die Überwindung von Unrecht und Ausnutzung und betont die soziale Verantwortung für die Armen und Schwachen. Es bezieht sogar den persönlichen Feind ein, um die Spirale der Feindschaft zu durchbrechen (vgl. Spr 25,21). Es geht also um die Wiederherstellung und Heilung gestörter oder gar zerstörter Lebensbeziehungen. Das Gebot der Nächsten- und Fremdenliebe ist Teil des sogenannten Heiligkeitsgesetzes (vgl. Lev 17–26): Weil JHWH heilig ist und er Israel heiligt, soll Israel heilig sein, indem es Gottes Gebote hält und ihn auf diese Weise und mit seiner Hilfe nachahmt. Diese »Nachahmung Gottes« wird dann auch für das rabbinische Judentum kennzeichnend werden.

Im Jahr 587 v.Chr. geht schließlich auch das Südreich Juda unter: Die Babylonier erobern Juda und das Volk Israel muss ins Babylonische Exil. In der exilisch-nachexilischen Zeit im 6. Jahrhundert wird die JHWH-Alleinverehrung normativ, nicht zuletzt dank der Propheten Ezechiel, Jeremia und Deutero-Jesaja (vgl. Jes 40–55): »So spricht der Herr, Israels König, sein Erlöser, der Herr der Heere: ich bin der Erste, ich bin der Letzte, außer mir gibt es keinen Gott« (Jes 44,6; vgl. 45,6). Das Exil wird wiederum als Folge der Abwendung von JHWH gesehen. Waren bis dahin andere Gottheiten durch JHWH lediglich entmachtet, so wird fortan die Existenz anderer Gottheiten vollkommen geleugnet. Der praktische, relative Monotheismus (Monolatrie) wird zum theoretischen, absoluten Monotheismus. Hier hat das Bilderverbot als Fremdgötterverbot seinen Ursprung. Das *Sch'ma Jisrael*, das mehrmals täglich wiederholt wird, wird das zentrale Bekenntnis des jüdischen Monotheismus.

In der Zeit des Exils vollzieht sich ein weiterer fundamentaler Schritt in der Entwicklung: Der eine und einzige Gott wird zum Herrn des Einzelnen und nicht mehr nur der nationalen Gemeinschaft. Exilspropheten wie Deutero-Jesaja (Jes 40–55) galt JHWH »als der Vater, der alle Israeliten als seine Kinder betrachtet und für alle zusammen so sorgt, wie der persönliche Gott für den Einzelnen«[14]. Zugleich begegnet uns bei Deutero-Jesaja die Vorstellung von der Völkerwallfahrt zum Zion und die Rolle Israels als Zeuge JHWHs vor den Völkern. Der Gott Israels wird damit zu einem universalen Gott, zum Schöpfer und Herrn der ganzen Welt (vgl. Gen 1ff): Heilsgeschichte und Schöpfungsgeschichte sind aufeinander bezogen.

Ein weiteres Kennzeichen dieses Gottes ist, dass er einerseits ganz nah, stets gegenwärtig und andererseits doch ganz anders, transzendent ist. Der Prophet Jesaja drückt dies mit einer Formulierung aus, die sowohl in die jüdische als auch in die christliche Liturgie Eingang gefunden hat, dem *Trishagion:* »Heilig, heilig, heilig ist der Herr der Heere. Von seiner Herrlichkeit ist die ganze Erde erfüllt« (Jes 6,3). Das Wort »heilig« (*kadosch*) steht für die Andersheit, Transzendenz und Ferne Gottes. Seine »Herrlichkeit« (*kawod*) jedoch, die die ganze Welt erfüllt, steht für Gottes Gegenwart und Nähe, sie ist die »Brücke zum Menschen«[15].

Nach dem Exil

Nach dem Exil kommt es zum Wiederaufbau Jerusalems und des Jerusalemer Tempels; die Tora und der synagogale Gottesdienst werden zu den identitätsstiftenden Größen des »neuen« Israel (vgl. Esr, Neh). In dieser Zeit entsteht schrittweise auch der Psalter als Gebet- und Lesungsbuch, als Lobpreis in aller Klage über die Not, als »Israels Antwort auf die erfahrene Zuwendung und auf die erlittene Verborgenheit seines Gottes«[16]. Der Psalter ist auch Ausdruck der messianischen Hoffnung, der Hoffnung auf das Kommen des Reiches Gottes, und in diesem Sinne haben auch Jesus und die ersten Christen den Psalter gebetet.

Ab dem 3. Jahrhundert v.Chr. unterliegt der Vordere Orient und damit auch die jüdische Religion zunehmend hellenistischen Einflüssen, was Auswirkungen auf deren Gottesvorstellung hat. Ein Beispiel dafür ist die weisheitliche Theologie: Die Weisheit (hebr. *Chochma*, griech. *Sophia*) wurde in der Antike als praktisches Lebenswissen verstanden, mit dessen Hilfe das Leben gelingt. In der nachexilischen Weisheitstheologie Israels inspiriert die göttliche Weisheit – ein weiblicher Aspekt Gottes – die Menschen selbst bei ihrer Weisheitssuche. Der Anfang der Weisheit aber ist die Gottesfurcht (vgl. Spr 1,7). Gottesfurcht meint hier das »Vertrauen auf Gott als den, der allen Störungen

und Gefährdungen zum Trotz das Ganze durchwaltet und
den Lebensweg der Menschen gelingen lässt, die die Lebens-
ordnungen suchen, ihnen entsprechend handeln und sie
weitergeben«[17]. Die Tora wird auch als »Weisheitsgabe Gottes« verstanden und als erste Schöpfung JHWHs *vor* der Er-
schaffung der Welt: »JHWH schuf mich als Erstling seines
Waltens, als Uranfang seiner Werke von damals ...« (Spr
8,22ff). Die Weisheit ist also selbst Geschöpf, als Urgeschöpf
aber nimmt sie die Funktion einer Mittlerin zwischen Schöpfer und Schöpfung ein: als Lehrerin, Ratgeberin, Anwältin
der Gerechtigkeit.

Im 2. Jahrhundert v.Chr., als Israel unter der Fremd-
herrschaft und den Religionsverfolgungen der Seleukiden
leidet, entsteht die Strömung der Apokalyptik, biblisch
fassbar vor allem im Buch Daniel. Kennzeichen der Apokalyptik ist, dass sie – in einer verschlüsselten Form – beansprucht, »den der Geschichte innewohnenden Plan Gottes
im Hinblick auf seine Vollendung in Gericht und Heil of-
fenlegen zu können«[18]. Gott wird als universaler Herrscher
gesehen, »dessen Herrschaft die Weltreiche aller irdischen
Machthaber ablöst«. Das ist die tröstliche Botschaft apoka-
lyptischer Schriften. Dem »Menschensohn«, der im Buch
Daniel (vgl. Dan 7) auftritt, wird Gott die Herrschaft auf
ewig übergeben. Das Danielbuch ist auch die einzige Schrift
der Hebräischen Bibel, in der die Hoffnung auf Auferstehung und ewiges Leben geäußert wird (vgl. Dan 12,1–4.13).
Gottes Macht wird damit nicht nur räumlich, sondern auch
zeitlich universalisiert. Das Christentum wird an diese
wichtige Entwicklung der jüdischen Apokalyptik anknüp-
fen. Wie eine Summe der biblischen Gotteserfahrung liest
sich der Lobpreis, den die drei jungen Männer im Feuer-
ofen auf Gott anstimmen:

[52] *Gepriesen bist du, Herr, du Gott unserer Väter, / gelobt und gerühmt in Ewigkeit.*

Gepriesen ist dein heiliger, herrlicher Name, / hoch gelobt und verherrlicht in Ewigkeit.

[53] *Gepriesen bist du im Tempel deiner heiligen Herrlichkeit, / hoch gerühmt und verherrlicht in Ewigkeit.*

[54] *Gepriesen bist du, der in die Tiefen schaut und auf Kerubim thront, / gelobt und gerühmt in Ewigkeit.*

[55] *Gepriesen bist du auf dem Thron deiner Herrschaft, / hoch gerühmt und gefeiert in Ewigkeit.*

[56] *Gepriesen bist du am Gewölbe des Himmels, / gerühmt und verherrlicht in Ewigkeit.*

[57] *Preist den Herrn, all ihr Werke des Herrn; / lobt und rühmt ihn in Ewigkeit!*

(...)

[88] *Denn er hat uns der Unterwelt entrissen / und aus der Gewalt des Todes errettet.*

Er hat uns aus dem lodernden Ofen befreit, / uns mitten aus dem Feuer erlöst.

[89] *Dankt dem Herrn, denn er ist gütig; denn seine Huld währt ewig.*

[90] *Preist alle den Herrn, ihr seine Verehrer, / preist den Gott der Götter;*

singt ihm Lob und Dank; / denn ewig währt seine Güte.

Dan 3,52–57.88–90

Fazit

Betrachtet man das biblische Gottesbild weniger aus dem Blickwinkel seiner geschichtlichen Entwicklung und Vielschichtigkeit, sondern vielmehr in seiner zum Kanon gewordenen Ganzheit, so setzt es die Existenz des einen und einzigen Gottes voraus. Eine Reihe von Eigenschaften und Aspekten kennzeichnet dieses Gottesverständnis: Der Gott Israels, JHWH, ist der einzige und universale Gott, der Schöpfer, der aus Knechtschaft und Exil befreiende und erlösende Gott, der treue und barmherzige Gott des Bundes. Er ist der unverfügbare und zugleich doch stets gegenwärtige Gott, der gerechte Gott, der das Recht durchsetzt und die Gerechtigkeit fordert.

3. Gott in der rabbinischen Theologie und im heutigen Judentum

Die rabbinische Lehre von den Namen und Eigenschaften Gottes

In der Zeit des sogenannten Frühjudentums (3. Jh. v.Chr.–
1. Jh. n.Chr.) gab es im Judentum verschiedene Strömungen
und Gruppierungen. Nach der Zerstörung Jerusalems durch
die Römer im Jahre 70 n.Chr. blieb mit der pharisäisch-rab-
binischen nur eine Richtung übrig, die somit prägend und
normativ wurde für das Judentum bis zur Gegenwart. Die
rabbinischen Gelehrten legten endgültig den Kanon der Heiligen Schrift, den Tanach, fest und grenzten sich damit vom
neu entstandenen Christentum ab.

Den Rabbinen ging es – wie den biblischen Zeugnissen –
nicht um eine Beschreibung des Wesens Gottes oder um
Spekulationen darüber, sondern um sein Wirken in seiner
Schöpfung und um sein Verhalten gegenüber seinem Volk.
Dadurch, dass die Rabbinen auch das Hohelied in den Kanon aufgenommen haben, interpretieren sie das Verhältnis
zwischen JHWH und Israel als Liebesverhältnis und stellen
den liebenden Gott in den Mittelpunkt. Sie prägten neue Namen, mit denen sie Gott ansprechen, zum Beispiel: »Vater
der Gnade«, »Unser Vater im Himmel« oder »Herr der
Welt«. Sie entwickelten die Lehre von den »dreizehn Eigenschaften Gottes« (*middot*), wobei sie sich auf jene Stelle im
Buch Exodus (Ex 34,6f) beziehen, wo geschildert wird, wie
JHWH an Mose vorüberzieht und ruft:

>>Ewiger, Ewiger, Gott barmherzig und gnädig, langmütig
und reich an Huld und Treue; bewahrend die Huld ins tausendste Geschlecht, vergebend Schuld, Missetaten und Fehl;
doch straflos lässt er nicht, er ahndet die Schuld der Väter an
Kindern und Kindeskindern, am dritten und am vierten Geschlecht.<<[19]

Dieser Abschnitt wird an Festtagen – außer am Sabbat – in der
Liturgie rezitiert, wenn die Torarolle aus dem Schrein genommen wird, und ist Bestandteil vor allem von Bußgebeten.

Die erste und zweite Eigenschaft Gottes lesen die Rabbinen aus dem wiederholten Gottesnamen (>>Ewiger<<) heraus:
Nach Raschi, einem der bedeutendsten jüdischen Bibelkom-
mentatoren des Mittelalters, bedeutet die Verwendung des
ersten Namens, >>dass Gott Erbarmen mit dem Sünder hat,
bevor er oder sie sündigt, und die Wiederholung, dass Gott
Erbarmen hat mit dem Sünder, nachdem er oder sie gesün-
digt und bereut hat<<[20]. Der Gottesname >>El<< wird als dritte
Eigenschaft gesehen, als das Erbarmen Gottes allen Geschöpfen gegenüber. >>Barmherzig<< (rachum) und >>gnädig<<
(chanun) sind die vierte und fünfte Eigenschaft: Sie stehen
für die unendliche, bedingungslose Liebe und Zuneigung
Gottes. Die sechste Eigenschaft spricht von der >>Langmut<<
oder >>Geduld<< Gottes, die siebte und achte von seiner
>>Huld<< und >>Treue<< (chessed we emet); sie spielen somit auf
den Gott des Bundes an. Der Begriff >>Bund<< impliziert ge-
genseitige Verpflichtung und Verantwortung: Wer diese hält,
dem wird Gottes Huld unendlich (>>bis ins tausendste Ge-
schlecht<<) gewährt; wer Schuld auf sich lädt, indem er bewusst gegen den Bund verstößt, dem wird Gott vergeben,
wenn er umkehrt.

Doch die Vergebung Gottes hat auch Grenzen: Wenn der
Schuldige nicht bereut und umkehrt, straft Gott sogar noch

die dritte und vierte Generation. Interessant ist aber, dass die Rabbinen den biblischen Text Ex 34,7 gemäß ihrer Auslegung der dreizehn Eigenschaften Gottes nach den Worten »doch straflos lässt er« enden lassen, weil ihnen ein über Generationen strafender Gott unannehmbar erschien: »Während die Bibel eine Grenze bei Gottes Großzügigkeit zieht, weiten die Rabbinen sie in die Ewigkeit aus.«[21] In dieser Fassung ging der Text in die synagogale Liturgie ein. Ein willkürlicher Eingriff in den geoffenbarten Text? Nein, vielmehr eine legitime Interpretation vor dem Hintergrund der Glaubenserfahrung des Volkes Israel, das seinen Gott stets als barmherzigen Gott erfahren hat (vgl. Ps 103,8–10).

Dennoch blieb auch in der rabbinischen Theologie die Spannung zwischen der Barmherzigkeit und der Gerechtigkeit Gottes stets gegenwärtig: »Wenn die rabbinischen Texte Gottes Fähigkeit zur Gerechtigkeit und zum Erbarmen *zugleich* dartun wollen, so zeichnen sie nicht einen sich erbarmenden Richter, sondern sie lassen Gott zunächst zum Gericht kommen und sich auf den Richterstuhl setzen und hernach, wenn die Zeit des Erbarmens gekommen, steigt Er vom Stuhl des Richters herab und setzt sich auf den Stuhl des Erbarmens – denn im Gericht gibt es kein Erbarmen.«[22] Der Weg des Erbarmens steht also außerhalb oder über dem Weg des Rechts. Entscheidend ist, dass das Erbarmen Gottes letztlich größer ist als seine Gerechtigkeit. So steht im Babylonischen Talmud, dass Gott zu sich selbst sagt: »Möge es mir wohlgefallen, dass mein Erbarmen meinen Zorn fessle« (bBer 7a). Eine fast wörtliche Parallele wird uns auch in der islamischen Tradition begegnen.

Ein wichtiger Begriff der rabbinischen Theologie ist die »Einwohnung Gottes«, die *Schekhina:* Aus der Bibel stammt die spannungsvolle Überzeugung, dass Gott, der Allmächtige, jenseitig, transzendent, völlig andersartig und zugleich aber auch der Gegenwärtige, der Immanente ist. Der Begriff der *Schekhina* beschreibt vor allem letzteren Aspekt: die Anwesenheit Gottes im Tempel, das Wohnen Gottes bei seinem Volk. Er ist den Menschen nahe, er neigt sich zu den Menschen herab und ist besonders dort gegenwärtig, wo seine Weisung gelesen und gelebt wird, aber auch dort, wo sein Volk in Bedrängnis geraten ist und leidet. Die *Schekhina* steht für die weibliche Dimension Gottes, für die Nähe, den Schutz, die Zuneigung, die Barmherzigkeit, das Mitleiden Gottes.

Eng mit dieser Vorstellung verbunden ist die Rede vom »heiligen Geist« (*Ruach Ha-Kodesch*), der von Gott ausgeht und sich vor allem über die Propheten äußert. Nach rabbinischer Auffassung ist die Prophetie zwar zu Ende, der »heilige Geist« jedoch ist als besondere Gnadengabe noch immer wirksam und wird den Gerechten und Frommen verliehen. Nie aber geht die jüdische Theologie so weit, dass sie die *Schekhina* oder den »heiligen Geist« so sehr mit einem konkreten Menschen verbindet, dass man von »Inkarnation« sprechen könnte.

Die Nachahmung Gottes

Auf der rabbinischen Lehre von den »dreizehn Eigenschaften Gottes« fußt auch die Rede von der »Nachahmung Gottes« (*Imitatio Dei*). Demnach sind uns die Namen und Eigenschaften Gottes gegeben, damit wir diese und sein Handeln nachahmen, dadurch Gottes Namen heiligen und heilig werden wie Gott selbst (vgl. Lev 19,2): »›Du sollst nach dem Ewigen, Deinem Gott, eifern‹ (Dtn 13,4). Wie aber kann ein Mensch nach Gott eifern, der ein verzehrendes Feuer ist? (Dtn 4,24) Es bedeutet, Gottes Eigenschaften nachzueifern – kleide den Nackten, besuche den Kranken, tröste den Trauernden, begrabe den Toten (b. Sota 14a).«[23]

Nachahmung Gottes bedeutet also Nächstenliebe, die Werke der Barmherzigkeit zu praktizieren. Der jüdische Monotheismus ist ein ethischer Monotheismus. Der gläubige Jude aber weiß, dass er die Nachahmung Gottes nicht aus eigener Kraft vermag, sondern auf die Hilfe Gottes angewiesen ist. Deshalb war und ist es ein großes Missverständnis christlicher Theologie, das Judentum als »Gesetzesreligion« zu bezeichnen und abzuqualifizieren. Es ist vielmehr eine Religion der göttlichen Gnade und des Glaubens, woraus als Frucht das gottgefällige Handeln erwächst.

Die dreizehn Glaubensartikel

Die rabbinische Literatur bietet keine systematische Abhandlung über Gott. Das Judentum überhaupt lehnt die dogmatische Formulierung von Glaubensinhalten als ihm wesensfremd ab. Wohl aber kam es im Laufe der Jahrhunderte zu einer tieferen theologischen und philosophischen Durchdringung der Gottesvorstellung, die ihren unbestreitbaren Höhepunkt in Rabbi Moses ben Maimon, besser bekannt als Maimonides (gest. 1204), gefunden hat. In Anlehnung an die rabbinische Auslegung von Ex 34,6f verfasste Maimonides seine berühmten dreizehn Glaubensartikel, die bis heute eine weite Verbreitung und allgemeine Anerkennung im Judentum gefunden haben. Es fällt auf, dass darin die Existenz Gottes nicht zu begründen versucht wird, vielmehr wird sie als selbstverständlich vorausgesetzt.

Die ersten fünf der dreizehn Glaubensartikel betreffen explizit das Wesen und Handeln Gottes. Der erste lautet: »Ich glaube mit vollkommenem Glauben, dass der Schöpfer, gesegnet sei sein Name, schafft und führt alle Geschöpfe, und dass er *allein* bewirkt hat, wirkt und wirken wird.«[24] Auffallend ist, dass das Bekenntnis mit der Schöpfertätigkeit

Gottes und nicht, wie im Buch Exodus, mit der Befreiungstat beginnt. Denn auch die Tora beginnt mit der Schöpfung. Schöpfung aber – bei Maimonides verstanden als Schöpfung aus dem Nichts – ist kein abgeschlossener Akt, sondern ein andauernder heilsgeschichtlicher Prozess, der seinen Abschluss erst mit dem Reich Gottes findet. Durch die fortdauernde Schöpfung ist der transzendente Gott zugleich der Immanente, der stets Gegenwärtige.

Erst im zweiten Glaubensartikel wird die Einzigkeit und Einheit Gottes betont: »Ich glaube mit vollkommenem Glauben, dass der Schöpfer, gesegnet sei sein Name, einzig ist und dass es keine ihm vergleichbare Einheit gibt, und dass er allein unser Gott ist, der war, ist und sein wird.« Der dritte Artikel betont die Körperlosigkeit und Unvergleichbarkeit Gottes, was einerseits dem biblischen Bilderverbot entspricht, andererseits aber im spannungsreichen Gegensatz zu den durchaus anthropomorphen, also vermenschlichenden Aussagen steht, die in der Bibel in Bezug auf Gott zu finden sind. Vielleicht ist in diesem Artikel implizit auch eine Kritik an der christlichen Inkarnationsvorstellung enthalten. Wie auch eine wichtige Strömung im Christentum betont Maimonides aber, dass letztlich nur verneinende Aussagen über Gott möglich sind, weil alle bejahenden Aussagen hinter der Vollkommenheit Gottes zurückbleiben. Der vierte Artikel bekennt die Ewigkeit Gottes: Er ist der Erste und der Letzte zugleich (vgl. Jes 44,6), Schöpfer und Vollender. Der fünfte Artikel fordert die alleinige Anbetung des einen Gottes – auch hier gibt es wohl wieder eine Abgrenzung vom Christentum, das auch den Mittler Jesus Christus anbetet.

Die letzten drei Glaubensartikel betreffen die jüdische Eschatologie: Gott wird die Taten der Menschen im endzeitlichen Gericht vergelten, der Messias wird kommen und Gott wird die Toten dereinst auferwecken. Meist wird im Judentum zwischen einer »irdischen und zeitlich begrenzten Heilszeit (›Tage des Messias‹) und einem endgültigen Heilszustand (›Kommende Welt‹)«[25] unterschieden. Sowohl das rabbinische Judentum des Mittelalters als auch das chassidische und orthodoxe Judentum heute glauben an die Auferstehung des Leibes und an eine unsterbliche Seele, während das gegenwärtige liberale Judentum die leibliche Auferstehung als unbiblisch ablehnt. Nach talmudischer Überlieferung aber werden sich die Gerechten in der kommenden Welt »am Glanz der Schekhina« (bBer 17a), also an der Gegenwart Gottes, erfreuen.

Die Gottesvorstellung der jüdischen Mystik

Zu einer Spekulation über das innere Wesen Gottes kam es im Judentum nur in der Mystik.[26] Diese hatte ihre Ursprünge bereits im ersten vorchristlichen Jahrhundert in Palästina mit den Visionen vom göttlichen Thronwagen (*Merkaba*) und der Vorstellung von der mystischen Reise der Seele durch die himmlischen Paläste (*Hekalot*): Gott wurde als der im Himmel thronende heilige König gesehen, der mit seinem Hofstaat der Engel regiert (vgl. Jes 6,1–6; Ez 1,4–28; 10), wie es auch in der christlichen Kunst des Mittelalters häufig dargestellt wurde. Dieser in seiner Herrlichkeit ferne Gott konnte nur durch den Aufstieg der Seele geschaut und erkannt werden.

Die mittelalterliche jüdische Mystik (*Kabbala*) in Deutschland und Südfrankreich betont die ursprüngliche Einheit von Gott, Welt und Mensch. Diese ist zwar durch den Sündenfall verloren gegangen, kann aber durch die Mystik und die Praxis der Tora wiederhergestellt werden. Im »Buch des Glanzes«, dem Hauptwerk der Kabbala (13. Jahrhundert), stehen nun nicht mehr der göttliche Thron und die himmlischen Paläste im Zentrum, sondern das Wesen der Gottheit selbst. Dieses innerste Wesen Gottes hat keine bestimmbaren Eigenschaften und heißt »das Unendliche« (*Ejn-Sof*). Das innerste Wesen Gottes ist dem Menschen verborgen, aber es gibt zehn stufenhafte Manifestationen (*Sefirot*), die aus diesem Wesen hervorgehen und vom Menschen erkannt werden können. Dazu zählen etwa die göttlichen Eigenschaften Macht, Weisheit und Barmherzigkeit. Die gesamte Schöpfung, auch der Mensch, ist von diesen göttlichen Kräften durchströmt und so wird die ganze Welt zum Abbild oder gar zu einem Teil der innergöttlichen Wirklichkeit.

Die Kabbala ist damit stark von neuplatonischen und gnostischen Traditionen beeinflusst, stets aber bleibt sie tief im jüdischen Erbe, in der Tora, verwurzelt. So betont etwa die Kabbala von Safed (Israel) im 16. Jahrhundert die ethische Dimension der Mystik: Der Mystiker soll Gottes Eigenschaften nachahmen, um ihm auf diese Weise ähnlich zu werden. Man soll Gott lieben, indem man die Tora studiert und sich seinen Mitmenschen liebend zuwendet, betont Rabbi Moses Cordovero, einer der bedeutendsten jüdischen Kabbalisten.[27] Wer so lebt, auf dem ruht die *Schekhina*, die Gegenwart Gottes. Diese Vorstellung vom idealen Menschen geht dann auch im 18. Jahrhundert in den osteuropäischen Chassidismus ein: Der Fromme (*Chasid*) oder Gerechte (*Zaddik*) wird zur lebendigen Verkörperung der Tora; ihm gilt es nachzufolgen. So hat die jüdische Mystik in ihren verschiedenen Ausformungen die jüdische Frömmigkeit in der gesamten Diaspora über Jahrhunderte hinweg geprägt.

Gottesglaube nach Auschwitz

Es wurde bereits davon gesprochen, dass der biblische Begriff »Bund« eine wechselseitige Verpflichtung und Verantwortung beinhaltet, dass Gott in seiner unendlichen Güte und Barmherzigkeit immer wieder vergibt, wenn sein Volk den Bund bricht. Die Erfahrung der *Schoah* (»Unheil«), der Vernichtung von sechs Millionen Juden durch die nationalsozialistische Terrorherrschaft, aber ließ nun viele Juden fragen, ob Gott nicht seinerseits den Bund gebrochen habe. Manche Juden haben den Glauben an Gott gar verloren. »Bevor wir heute von Gottes Eigenschaften sprechen können, müssen wir den Glauben an Gott in der Zeit nach der Schoah grundsätzlich hinterfragen«[28], schreibt der jüdische Gelehrte Jonathan Magonet. Die Frage, ob man nach Auschwitz noch beten darf oder kann, wurde und wird bis heute gestellt. Nach Ansicht des jüdischen Religionswissenschaftlers Schalom Ben-Chorin könne man noch beten, aber nach Auschwitz sei das Beten ein anderes Beten. Die aus dem Vaterunser bekannte Bitte: »Und vergib uns unsere Schuld«, mündet für ihn in die Aussage: »Wie auch wir vergeben deine Schuld«[29]. Eine Ungeheuerlichkeit, so Gott gegenüber zu sprechen? Ja, so ungeheuerlich wie die Schoah!

Anders als während des Babylonischen Exils, wo man das Unheil des Volkes Gottes in der eigenen Schuld suchte, sehen viele Juden heute in den Opfern der Schoah Märtyrer, Heilige und in ihrem Tod eine »Heiligung des Namens« Gottes (*Kidusch ha-Schem*). Der moderne orthodoxe jüdische Denker Eliezer Berkovits schreibt dazu:

> *»Ich stehe in Ehrfurcht vor der Erinnerung an die Kedoschim (Heiligen), die mit dem Ani Maamin, dem ›Ich glaube‹, auf ihren Lippen in die Gaskammern gingen. Wie darf ich zwei-*

feln, wenn sie nicht zweifelten? Ich glaube, weil sie glaubten. Und ich stehe in Ehrfurcht vor den Kedoschim, vor der Erinnerung an das unsagbare Leiden unschuldiger Menschen, die ohne Glauben in die Gaskammern gingen, weil das, was ihnen auferlegt wurde, mehr war, als ein Mensch ertragen kann. (...) Der Glaube ist heilig, aber ebenso sind Nichtglauben und religiöse Rebellion in den Konzentrationslagern heilig. Der Nichtglaube war nicht intellektuell, sondern zerbrochener, zerschmetterter, zerriebener Glaube. Millionenfach gemordeter Glaube ist heiliger Nichtglaube. Jene, die nicht dort waren und doch bereitwillig den Holocaust als den Willen Gottes akzeptieren, der nicht infrage gestellt werden darf, schänden den heiligen Nichtglauben jener, deren Glaube ermordet wurde. Und jene, die nicht dort waren und dennoch mit Selbstsicherheit den Reihen der Nichtgläubigen beitreten, schänden den heiligen Glauben der Gläubigen.«[30]

Eliezer Berkovits

Für den jüdischen Religionsphilosophen Hans Jonas jedoch versagen angesichts von Auschwitz alle bisherigen Deutungsversuche: »Nicht Treue oder Untreue, Glaube oder Unglaube, nicht Schuld und Strafe, nicht Prüfung, Zeugnis und Erlösungshoffnung, nicht einmal Stärke oder Schwäche, Heldentum oder Feigheit, Trotz oder Ergebung hatten da einen Platz.«[31] Er greift stattdessen bei seiner Deutung der Schoah auf eine Denkfigur der jüdischen Mystik zurück, wie wir sie beispielsweise bei Isaak Luria (16. Jahrhundert) finden, die davon spricht, dass sich Gott selbst im Zuge der Schöpfung zurückgezogen oder in seiner Allmacht beschränkt habe – zugunsten der Freiheit des Menschen. Gott konnte also gar nicht helfen in Auschwitz, er war selbst ohnmächtig, er ist nicht mehr der »Herr der Geschichte«. Nur unter dieser Voraussetzung lässt sich nach Jonas der Glaube

an einen gütigen und zugleich noch verstehbaren Gott auf-
rechterhalten. Ergibt sich hier vielleicht eine Brücke zur
christlichen Rede vom »(mit-)leidenden Gott«?

Auch dies kann wohl nur eine mögliche Antwort unter
anderen sein, keine alles erklärende, keine allgemein über-
zeugende und befriedigende. Gemeinsam stehen Juden und
Christen, im Grunde alle Gottgläubigen vor einem unbe-
greiflichen Geheimnis. Vielleicht liegt ein Schlüssel des Ver-
stehens tatsächlich in der von Gott geschenkten Freiheit des
Menschen, der zu abgrundtiefem Bösen fähig ist, wenn er
sich von Gott abwendet, aber auch zu wunderbar Gutem und
Schönem, wenn er aus der Liebe Gottes heraus lebt.

4. Beten Juden, Christen und Muslime zum gleichen Gott? – Jüdische Antworten

Das Verhältnis zwischen Juden und Christen

Wie bereits gezeigt wurde, hat die Entwicklung des Gottesverständnisses im Alten Israel eine zunehmende Universalisierung erlebt. Der eine Gott wurde nicht nur als Gott Israels, sondern auch als der Gott der Völker erfahren und geglaubt. Ausdruck dieser Überzeugung ist die Annahme der Rabbinen, dass allen Völkern grundlegende ethische Gebote gegeben wurden, die Sieben Noachidischen Gebote, eine Art »Tora für die Völker«, die folgende Ver- bzw. Gebote umfasst: das Verbot von Götzenanbetung, Gotteslästerung, Mord, Unzucht, Diebstahl, Verzehr von Blut bzw. lebendigem Fleisch und das Gebot geordneter Rechtsprechung (vgl. Talmud, Sanhedrin 56 a/b).[32] Wer sich daran hält, hat Anteil an der kommenden Welt. Das Verhältnis zum Christentum jedoch war durch die Ablösungs- und wechselseitigen Abgrenzungsprozesse im 1. und 2. Jahrhundert n.Chr. belastet.

Dabei war nicht so sehr die Frage nach der Messianität Jesu der entscheidende Streitpunkt: *Schittuf* (Vermischung, Beigesellung) war in der mittelalterlichen rabbinischen Theologie der zentrale Vorwurf gegen die christliche Lehre und Praxis und ist es zum Teil bis heute in der jüdischen Theologie. Damit ist der Vorwurf gemeint, der reine Monotheismus werde abgeschwächt oder verdunkelt, indem dem Schöpfer ein Geschöpf zur Seite gestellt werde, das wie Gott angebetet wird. Damit wurde der christliche Glaube aber in der Regel nicht als Götzendienst gewertet. Vor diesem Hintergrund ist beachtenswert, was jüdische Theologen in der Erklärung *Dabru Emet* (»Redet Wahrheit«) aus dem Jahr 2000 im ersten Artikel formuliert haben:

Juden und Christen beten den gleichen Gott an

> *»Vor dem Aufstieg des Christentums waren es allein die Juden, die den Gott Israels anbeteten. Aber auch Christen beten den Gott Abrahams, Isaaks und Jakobs, den Schöpfer von Himmel und Erde an. Wenngleich der christliche Gottesdienst für Juden keine annehmbare religiöse Alternative darstellt, freuen wir uns als jüdische Theologen darüber, dass Abermillionen von Menschen durch das Christentum in eine Beziehung zum Gott Israels getreten sind.«*[33]

> *Dabru Emet. Eine jüdische Stellungnahme*
> *zu Christen und Christentum*

Die Erklärung *Dabru Emet* beginnt mit einer in Klarheit und Unmissverständlichkeit formulierten theologischen Feststellung, wonach Juden und Christen den gleichen Gott anbeten. Diese Aussage ist von weitreichender Bedeutung, innerjüdisch hat sie aber auch viel Kritik erfahren. Ohne die Probleme, die sich durch die christliche Trinitätslehre für den Monotheismus ergeben, zu klären, gehen die Autoren und Unterzeichner von *Dabru Emet* vom Selbstverständnis der Christen aus. Sie würdigen sogar, dass durch das Christentum im Laufe der Geschichte Abermillionen von Menschen in eine Beziehung zum Gott Israels getreten sind.

Natürlich wissen die Autoren dieser Erklärung, die gewiss nicht für das ganze Judentum sprechen können und wollen, um die Unterschiede zwischen jüdischem und christlichem Gottesglauben, der vor allem in der unterschiedlichen Sicht der Person Jesu begründet liegt. Jesus kann für gläubige Juden als »Bruder« (Schalom Ben-Chorin), als »ein jüdischer Rabbi« (Pinchas und Ruth Lapide), als »großer und unvergleichlicher Lehrer der Moral« (Will Herberg), vielleicht sogar noch als ein Prophet »in der Nachfolge von Amos, Hosea, Jesaja und Jeremia« (Will Herberg) gelten, nicht aber als Messias oder gar Sohn Gottes. Schalom Ben-Chorin hat das Verhältnis von Judentum und Christentum in eine knappe, aber treffende Formel gepackt: »Der Glaube Jesu eint uns, der Glaube an Jesus trennt uns.«

Das Verhältnis zwischen Juden und Muslimen

Wie die christliche wurde auch die islamische Gottesverehrung in der mittelalterlichen jüdischen Theologie als *Schittuf* betrachtet, als Vermischung des wahren Monotheismus mit falschen Lehren und Praktiken – wobei dies überrascht, beansprucht doch gerade der Islam für sich, den ursprünglichen, strikten Monotheismus wiederhergestellt zu haben. Vielleicht war dies nur die polemische Antwort auf denselben ebenso unverständlichen Vorwurf des Korans gegen den jüdischen Glauben (vgl. Koran 9,30)?

Das religiöse Verhältnis von Juden und Muslimen weltweit ist heute durch den Israel-Palästina-Konflikt schwer belastet, obwohl dieser zunächst ein politischer Konflikt war, der dann immer mehr religiös aufgeladen wurde. Dieser Konflikt führte sogar zur Rezeption des europäischen Antisemitismus in Teilen der islamischen Welt, der bis dahin im Islam praktisch unbekannt war. Zwar gibt es im Koran durchaus eine Reihe negativer Aussagen über Juden, doch führte das in der Geschichte – von wenigen Ausnahmen abgesehen – nicht zu einer feindseligen Behandlung der Juden unter islamischer Herrschaft, geschweige denn zu einer rassistischen Lehre. Im Gegenteil: Wurden Juden, wie in Spani-

en im Gefolge der christlichen Reconquista, der Rückerobe-
rung der Iberischen Halbinsel, und der Inquisition verfolgt
und vertrieben, fanden sie in islamischen Gebieten wie etwa
im Osmanischen Reich über die Jahrhunderte hinweg Zuflucht und Zukunft.

Einige moderne jüdische Denker haben sich auch mit
dem theologischen Verhältnis beider Religionen beschäftigt.
Schalom Ben-Chorin etwa wünschte, dass »auch das Gebet
Israels mit einmünden muss und zugleich getragen wird
vom Chor weltweiter Anbetung in allen Sprachen und Formen der Völker. Möchten doch die Völker die klare Stimme
Israels in diesem Chor erkennen und dieser Stimme respon-
dieren. Möchte doch Israel erkennen, dass im Gebet der Kirche das Echo seiner eigenen Anbetung über die ganze Erde
erklingt. Möchten doch beide erkennen, dass in der Prokla-
mation der Einzigkeit Allahs im Islam die Gebete von Millionen in denselben Himmel steigen, der sich Juden und
Christen im rechten Gebet öffnet«[34].

Jonathan Magonet kommt zu dem Schluss: »Wenn man
nur den Glauben betrachtet, haben die beiden Religionen
sehr viel mehr gemeinsam als jede von ihnen mit dem Christentum. Das Judentum hat kein Problem damit, den Islam
als eine ›Tochterreligion‹ anzuerkennen, aber in ihrer gegenwärtigen Beziehung sind sie ständige Geiseln der Politik.«[35]
Und der Rabbiner Marc Stern sagt mit Blick auf das erste
Gebot des Dekalogs: »Juden und Christen glauben an denselben Gott, sosehr der Islam mit seinem strengen Monotheismus diesen Glauben an den einen Gott viel treuer bewahrt
hat als das Christentum. Der Islam ist eine Tochter des Judentums, die sich nie von der Mutter getrennt hat wie das
Christentum und die sich nie von ihrem Elternhaus gelöst
hat.«[36]

In den letzten Jahren ist ein religiöser Dialog zwischen

Juden und Muslimen in Gang gekommen. So trafen sich 2005 unter der Schirmherrschaft des marokkanischen Königs Muhammad VI. und des belgischen Thronfolgers Albert II. in Brüssel erstmalig 100 Imame und Rabbiner zu einer weltweiten Friedenskonferenz (World Congress of Imams and Rabbis for Peace).[37] Man vereinbarte, einen ständigen Ausschuss für den jüdisch-muslimischen Dialog einzurichten und weitere Konferenzen vorzubereiten. So kam es 2006 in Sevilla zu einem zweiten Treffen, in dessen gemeinsamer Schlusserklärung es heißt: »Unsere beiden Religionen teilen die fundamentalsten Werte des Glaubens an den Einen Allmächtigen, dessen Name Friede ist, der barmherzig, mitfühlend und gerecht ist und der uns Menschen auffordert, diese Werte in unserem Leben zu verwirklichen und voranzubringen in Bezug auf alle Menschen, deren Leben und Würde heilig ist.« Gewalt und Blutvergießen im Namen der Religion werden als Vergehen gegen den heiligen Namen Gottes bezeichnet. Im Jahr 2008 fand in Paris der inzwischen dritte Weltkongress der Imame und Rabbiner für Frieden zum Thema »Die Heiligkeit des Friedens« statt. Es bleibt zu hoffen, dass diese zarten Pflänzchen des Dialogs weiter gedeihen und reiche Frucht bringen werden.

»Gott ist dreifaltig Einer!«

II.
Das Gottesverständnis im Christentum

1. Anbetung Gottes im christlichen Gebet und Gottesdienst

Jesus als Beter und Lehrer des Gebets

Vorbild für das christliche Beten ist Jesus von Nazaret als Beter und zugleich Lehrer des Gebets: Jesus betet als Glied des Volkes Israel zum Gott des Bundes. Die Gottesbeziehung und Gottesverehrung Jesu waren durch und durch von der jüdischen Frömmigkeit und Gebetstradition der damaligen Zeit geprägt. In den Evangelien wird berichtet, dass sich Jesus immer wieder in die Einsamkeit zurückzog, um zu beten (vgl. Lk 5,16; 6,12; 9,18). Das Neue Testament überliefert uns – besonders in den Passionserzählungen – die Gebete Jesu. So betet er im Garten Getsemani vor seiner Gefangennahme, spricht Gott vertraulich mit »Abba, Vater« oder »Mein Vater« an und ergibt sich dem Willen Gottes (vgl. Mk 14,36; Mt 26,39). Sein Anruf am Kreuz: »Mein Gott, mein Gott, warum hast du mich verlassen?« (Ps 22,2) zeigt, wie sehr Jesus aus der Spiritualität der Psalmen lebte, und so wurde der Psalter auch zum christlichen Gebetbuch.

Jesus lehrte seine Jünger die rechte Weise des Betens. In seiner Botschaft kritisiert er Fehlhaltungen im Gebet, die nicht nur im damaligen Judentum vorkamen, sondern vor denen kein Beter, egal welcher Religion er angehört, gefeit ist: Heuchelei und äußerliche Pflichterfüllung (vgl. Mt 6,5; 23,5):

> »Du aber gehe in die Kammer, wenn du betest, und schließ die Tür zu; dann bete zu deinem Vater, der im Verborgenen ist. Dein Vater, der auch das Verborgene sieht, wird es dir vergelten. Wenn ihr betet, sollt ihr nicht plappern wie die

Heiden, die meinen, sie werden nur erhört, wenn sie viele Worte machen. Macht es nicht wie sie; denn euer Vater weiß, was ihr braucht, noch ehe ihr ihn bittet.«

Mt 6,6–8

Das persönliche Gebet ist demnach etwas Intimes zwischen dem Beter und Gott, der einerseits der Verborgene, andererseits der ganz Nahe ist, der immer schon um das Innerste des Menschen, um seine Nöte und Bedürfnisse weiß (vgl. Mt 7,7–11).

Das Vaterunser als christliches Grundgebet

Jesus lehrte seine Jünger das Vaterunser, das zum christlichen Grundgebet sowohl des persönlichen täglichen Gebets eines Christen als auch der verschiedenen liturgischen Feiern geworden ist:

»*Vater unser im Himmel,*
geheiligt werde dein Name.
Dein Reich komme.
Dein Wille geschehe,
wie im Himmel so auf Erden.
Unser tägliches Brot gib uns heute.
Und vergib uns unsere Schuld
wie auch wir vergeben unseren Schuldigern.
Und führe uns nicht in Versuchung,
sondern erlöse uns von dem Bösen.«

Das Gebet in der liturgisch rezipierten Version des Matthäus-Evangeliums (Mt 6,9–13; vgl. Lk 11,2–4) besteht aus drei Teilen: der Gebetsanrede, drei Du-Bitten und vier Wir-Bitten. Das Vaterunser ist also ein reines Bittgebet. Die Gebetsanrede enthält erstaunlicherweise keinen Gottesnamen und keinen Hoheitstitel, sondern nur die vertrauliche Anrede »unser Vater« (Mt 6,9). Die Anrede Gottes als »Vater« ist im Alten Testament und im Judentum der Zeit Jesu keineswegs ungewöhnlich (vgl. Dtn 32,6; Jes 64,7; 63,16; Jer 3,19; Sir 23,1.4; 51,10; Weish 2,16 u.ö.). Sie ist Ausdruck der innigen Beziehung zwischen Gott und den Betenden, den Kindern Gottes, dem Volk Israel. Die Bezeichnung Gottes als »Vater« ist eine Metapher seines schöpferischen Wirkens, aber auch der Gemeinschaft und der Treue.[38] Der Gebetsbeginn »Vater unser« begegnet auch im jüdischen Gebet *Awinu Malkenu* (»Unser Vater, unser König!«), das Bestandteil der Liturgie an den zehn Bußtagen vom Neujahrsfest bis zum Versöhnungstag ist.

Während die Verwendung der Vater-Metapher Juden und Christen verbindet, lehnen Muslime diese metaphorische Redeweise in Bezug auf Gott in der Regel ab, weil sie in ihren Ohren zu anthropomorph, also zu vermenschlichend, klingt. Aber auch für Christen ist diese Anrede nach der berechtigten Kritik an einseitig patriarchalen Gottesbildern nicht mehr unreflektiert auszusprechen: »Gott Vater« unterscheidet sich eben von allen irdischen Vätern. Der Zusatz »im Himmel« dient dieser Unterscheidung, weil damit die Andersartigkeit und Transzendenz Gottes betont wird; zugleich verweist er auf die Universalität Gottes: Er ist nicht nur der Herr des Volkes Israel, sondern der Gott aller Menschen.

Grammatikalisch fällt beim Lesen der ersten drei Bitten auf, dass sie passivisch formuliert sind, das heißt, es bleibt vordergründig offen, wer der Handelnde sein soll: Gott oder der Mensch? Wohl beide! Bei der ersten Bitte geht es um die Heiligung des Gottesnamens (*Kidusch ha-Schem*), des Eigennamens JHWH, wie wir es auch vom jüdischen Kaddisch oder Achtzehngebet kennen. Gott selbst kann und soll seinen Namen heiligen und das heißt hier: Er soll sein zerstreutes Volk sammeln und seine Herrschaft aufrichten (vgl. Ez 36,23; 38,23). Gott ist also der zuerst Handelnde. Dann aber ist sein Volk aufgerufen, durch seinen Glauben und durch die Erfüllung des göttlichen Willens den Bund zu halten und dadurch den Namen Gottes zu heiligen (vgl. Lev 19,2; 22,31–33). Die Bitte um die Heiligung des Gottesnamens setzt voraus, dass Gottes Name entheiligt worden ist, und zwar durch Götzendienst und Gebotsübertretung (vgl. Ez 20).

Die zweite Bitte hängt eng mit der ersten zusammen (vgl. auch Ez 36,23–24): die Bitte um das baldige Kommen des Reiches Gottes, des universalen Heils. Gott wird hier als König angesprochen, der in Gerechtigkeit regieren soll (vgl. Ps 47; 99). Hier steht wohl Daniel mit der Erwartung des Menschensohnes (vgl. Dan 7,13–14) im Hintergrund. Diese zweite Bitte ist die inhaltliche Mitte des ganzen Gebets. Dieselbe Verbindung beider Bitten finden wir im jüdischen Kaddisch-Gebet, das dem Vaterunser inhaltlich und formal wohl am nächsten kommt:

> *»Erhoben und geheiligt*
> *werde Sein großer Name*
> *in der Welt,*
> *die Er nach Seinem Willen erschaffen.*
> *Er lasse Sein Reich kommen*
> *in eurem Leben und in euren Tagen*
> *und in dem Leben des ganzen Hauses Israel,*
> *bald und in naher Zeit.*
> *Darauf sprecht: Amen.«*

Das Besondere der Botschaft Jesu aber ist, dass er selbst das Kommen des Reiches Gottes mit seiner Person und Botschaft verbindet. Die Herrschaft Gottes ist also keine ferne Größe, sondern ganz nah, ja sogar schon keimhaft angebrochen. Bis heute leben Christen in dieser Spannung zwischen dem »Schon-jetzt« und dem »Noch-nicht« des Heils. Darum schließt sich die dritte Bitte des Vaterunser folgerichtig an: Gottes Wille möge geschehen, das heißt, sein Heilswille möge sich verwirklichen. Gott soll und wird zuerst handeln. Das Vaterunser ist also streng theozentrisch. Dies schließt nicht aus, sondern impliziert vielmehr, dass der Mensch auch Gottes Willen tun und sich Gottes Heilsplan öffnen soll – wie im Himmel so auf Erden!

Die folgenden Wir-Bitten betreffen die Bedürfnisse des Menschen, der Jünger Jesu. An erster Stelle steht die Bitte um das tägliche Brot, also das zum alltäglichen Leben Notwendige. Gott wird hier als der gütige Schöpfer und Segen spendende Versorger angesprochen, auf den der Mensch vertrauen kann (vgl. Ps 104,14f; Mt 6,25–34). Zugleich aber enthält diese Bitte die Aufforderung, das, was man hat, mit den Bedürftigen und Hungernden zu teilen.

Bei der zweiten Wir-Bitte geht es um die moralische Schuld, die Sündenschuld, um deren Vergebung Gott gebeten wird (vgl. Ps 79; 106). Nur er kann diese Schuld vergeben. Der Mensch darf diese Bitte jedoch nur äußern, wenn er auch seinerseits bereits, das heißt in der Vergangenheit, anderen vergeben hat (vgl. Sir 28,2; Mt 6,14f; 18,23–35). Die Versöhnung zwischen den Menschen ist also die Voraussetzung für die Bitte um Gottes Vergebung! Dies steht allerdings in Spannung zu anderen Aussagen Jesu, die von einer bedingungslosen Gnade Gottes sprechen (vgl. Lk 15,4–7.11–32).

Die beiden letzten Bitten hängen mit der Vergebung eng zusammen: Die Bitte, nicht in Versuchung geführt zu werden, verstört heute viele Christen. Gemeint ist damit nicht, dass Gott zum Bösen verführen könnte – dies tut der Satan –, sondern es bedeutet, dass Gott den Gläubigen prüfen kann, wie er zum Beispiel auch Abraham prüfte. Die Betenden bitten Gott, sie vor Prüfungen und Versuchungen zu bewahren, die sie nicht bestehen oder die sie vom Weg der Jüngerschaft abbringen könnten. Schließlich folgt die Bitte, vor dem Bösen dieser Welt, vor Krankheit, Hass, Gewalt, vor dem Feind bewahrt zu werden. Positiv formuliert ist es die Bitte um den umfassenden Frieden (*Schalom*), den nur Gott geben kann, indem er seine Herrschaft aufrichtet. Das gesamte Gebet hat somit eine deutlich eschatologische Prägung: Geht es in den Du-Bitten um das von Gott bewirkte endzeitliche Heil, so handeln die Wir-Bitten von der Überwindung jener Bedingungen in der Welt, die dem endgültigen Heil noch entgegenstehen: physische Not, moralische Schuld und die ständigen Anfechtungen des Bösen.

Dem Vaterunser als Bittgebet wurde für den liturgischen Gebrauch schon früh eine *Doxologie,* das heißt ein Lobpreis auf die Herrlichkeit (griech. *doxa*) Gottes, angehängt, wie dies auch bei jüdischen Gebeten üblich ist:

> »*Denn dein ist das Reich und die Kraft und die Herrlichkeit in Ewigkeit. Amen.*«
>
> (*Vgl. 1 Chr 29,11f*)

Die Doxologie schließt sich inhaltlich an die letzte Bitte an: Gott hat Macht über alles Böse und wird das Böse endgültig besiegen.

Zu jeder Zeile des Vaterunser lassen sich Parallelen in der Hebräischen Bibel und in der jüdischen Gebetstradition finden: Das Vaterunser »ist das Gebet des *Juden* Jesus, das auch jeder Jude ohne innere Reserven mitbeten kann«, es »ist das große ›Brückengebet‹ zwischen der jüdischen und der christlichen Gemeinde«[39].

Liturgisches Beten und Feiern: Von Gott gerufene Versammlung

Im frühen Christentum war das Vaterunser wohl in erster Linie das Privatgebet einzelner Christen und wurde in Anlehnung an die jüdischen Gebetszeiten – statt des Achtzehngebetes – dreimal täglich gesprochen. Als Gebetszeiten kristallisierten sich in Anlehnung an die Ereignisse der Passion Jesu die dritte Stunde (Kreuzigung), die sechste (Sonnenfinsternis) und die neunte Stunde (Sterben), also 9, 12 und 15 Uhr, heraus. Später wurden diese Gebetszeiten zusammen mit Laudes (Morgengebet) und Vesper (Abendgebet) zum Teil der gemeinsam vollzogenen Stunden- oder Tagzeitenliturgie. Diese ist vom Hören des Wortes in den Lesungen und dem Beten bzw. Singen alttestamentlicher Psalmen, neutestamentlicher Hymnen und des Vaterunser geprägt. Später hat der Islam diese Tradition der fünf Gebetszeiten, vor allem wohl durch die Einflüsse des christlichen Mönchtums, übernommen. Sie strukturieren und heiligen den Tagesablauf des gottgläubigen Menschen.

Die christlichen liturgischen Feiern sind mehr als nur die Gottesverehrung Einzelner oder die Summe der einzelnen Beter. Der katholische Theologe Romano Guardini schreibt dazu: »Nicht der Einzelne ist Träger des liturgischen Handelns und Betens. Auch nicht die Gesamtzahl vieler Sonderwesen, so wie sie etwa in einem Gotteshause als die nur zeiträumliche und stimmungsmäßige Einheit einer ›Gemeinde‹ versammelt sind. Das Ich der Liturgie ist vielmehr das Ganze der gläubigen Gemeinschaft als solcher, ein über die bloße Gesamtzahl der Einzelwesen hinausliegendes Mehr, die Kirche.«[40] Und diese Kirche besteht nicht nur aus der Summe der einzelnen Gemeinden weltweit, sondern umfasst die ganze »Gemeinschaft der Heiligen«, auch die Verstorbenen, die bereits in der endgültigen Gemeinschaft mit Gott sind.

Christliche Liturgie »artikuliert und kommuniziert in ritueller Form christliche Glaubensüberzeugungen«[41]. Hier bestätigt sich erneut der Grundsatz, wonach das »Gesetz des Betens« das »Gesetz des Glaubens« bestimmt (*Lex orandi, lex credendi*). Liturgie ist von ihrem Wesen her Begegnungsgeschehen zwischen Gott und dem Menschen, sie ist Versammlung der Glaubenden vor Gott und mit Gott. Diese Gemeinschaft mit Gott ist geschenkt durch Jesus Christus und durchdrungen vom Heiligen Geist. Die betende Versammlung bringt dies dadurch zum Ausdruck, dass sie den Gottesdienst stets mit der trinitarischen Formel: »Im Namen des Vaters und des Sohnes und des Heiligen Geistes« eröffnet.

Die Formen, Anlässe und Inhalte christlicher Liturgie sind so vielfältig, dass eine Beschränkung nötig ist. Zu unterscheiden sind die Grundformen, die »Feier des Wortes Gottes« und die »Feier der Eucharistie/des Abendmahls«, deren Aufbau und Grundelemente in den meisten christlichen Traditionen im Wesentlichen dieselben sind.

Die Feier des Wortes Gottes

Die feierliche Lesung oder Rezitation der heiligen Schriften und ihre Auslegung waren in Anlehnung an den Lesegottesdienst der synagogalen Sabbatfeier von Anfang an feste Bestandteile christlicher Liturgie. Das waren zunächst nur die Schriften der Hebräischen Bibel bzw. die Septuaginta, die griechische Übersetzung der Hebräischen Bibel. Erst im Laufe der Zeit kamen die spezifisch christlichen Schriften, die apostolischen Briefe und die Evangelien, hinzu. Neu am christlichen Gottesdienst war besonders die sonntägliche Feier des Herrenmahls, das heißt die Gedächtnisfeier des Leidens und der Auferstehung Jesu Christi. Die überlieferten Schriften wurden mit Blick auf dieses Ereignis gelesen und gedeutet. In Jesu Auftrag kamen und kommen die Christen zur gottesdienstlichen Versammlung zusammen.

In den Wortgottesfeiern, ob im Rahmen der Messfeier oder als eigenständige liturgische Form, stehen die Lesungen aus der Heiligen Schrift im Vordergrund: In der Regel erfolgt zuerst eine Lesung aus dem Alten Testament, dann ein Psalm als Antwort der Gemeinde. Daran schließt sich die neutestamentliche Lesung an und schließlich, als Höhepunkt der Wortliturgie, die Lesung aus einem der vier Evangelien, die von einem Halleluja-Ruf – in der vorösterlichen Zeit von einem Christus-Ruf – umrahmt wird. Durch diese Abfolge und die thematische Abstimmung der Lesungen werden die beiden Teile und die verschiedenen Schriften der Bibel miteinander in Dialog gebracht und deuten sich wechselseitig. Die anschließende Predigt legt das gehörte Wort Gottes für die Gegenwart und die konkrete Situation der Gemeinde aus.

Im Tagzeitengebet dagegen folgt auf die Lesung ein psalmartiges Lied (*Canticum*) aus den Evangelien, wie das Benedictus, der Lobgesang des Zacharias (Lk 1,68–79), in der Laudes oder der Lobgesang Mariens, das Magnificat (Lk 1,46–55), in der Vesper (in der Ostkirche im Morgengebet). Das Magnificat preist im Lichte des Christusgeschehens das Einschreiten Gottes zugunsten der Schwachen und Erniedrigten. Es gehört damit zu den wichtigsten Hymnen des Christentums:

»Meine Seele preist die Größe des Herrn,
und mein Geist jubelt über Gott, meinen Retter.
Denn auf die Niedrigkeit seiner Magd hat er geschaut.
Siehe, von nun an preisen mich selig alle Geschlechter.
Denn der Mächtige hat Großes an mir getan,
und sein Name ist heilig.
Er erbarmt sich von Geschlecht zu Geschlecht
über alle, die ihn fürchten.
Er vollbringt mit seinem Arm machtvolle Taten:
Er zerstreut, die im Herzen voll Hochmut sind.
Er stürzt die Mächtigen vom Thron
und erhöht die Niedrigen.
Die Hungernden beschenkt er mit seinen Gaben
und lässt die Reichen leer ausgehen.
Er nimmt sich seines Knechtes Israel an
und denkt an sein Erbarmen,
das er unseren Vätern verheißen hat,
Abraham und seinen Nachkommen auf ewig.«

Das Magnificat wird wie die Psalmen und andere neutestamentliche Hymnen mit einer trinitarischen Doxologie, dem
Gloria Patri, abgeschlossen:

»Ehre sei dem Vater und dem Sohn
und dem Heiligen Geist,
wie im Anfang, so auch jetzt und allezeit
und in Ewigkeit. Amen.«

Den Lobgesängen aus den Evangelien schließen sich im Tagzeitengebet dann Fürbitten, das Vaterunser und der Segen
an. In der Messfeier an Sonn- und Feiertagen stimmt die Gemeinde mit dem Glaubensbekenntnis dem in den Lesungen
gehörten und in der Predigt ausgelegten Wort Gottes zu. Die

Fürbitten der Gemeinde schließlich bilden im sonntäglichen Gottesdienst den Abschluss der Wortfeier und den Übergang zur Eucharistiefeier.

Die Menschen hören »das Wort des lebendigen Gottes« und antworten darauf zuerst preisend-dankend, dann bittend. Vor dem Beten und Bitten kommt also das Hören auf das Wort Gottes: Gott ergreift zuerst die Initiative, indem er den Menschen anspricht. Liturgie und Gebet sind damit personale Begegnungs- und Kommunikationsgeschehen und in dieser Begegnung ereignet sich Gemeinschaft. Dies ist die gemeinsame Überzeugung von Juden, Christen und Muslimen. Juden und Christen gemeinsam ist außerdem, dass in fast jedem Gottesdienst gesungen wird, was den ganzheitlichen Charakter des Betens verdeutlicht. Im islamischen Ritualgebet gibt es zwar keinen Gesang, wohl aber eine Rezitation des Korantextes, also eine Art Sprechgesang. In allen drei Religionen ist das Beten mit bestimmten Körperhaltungen und Gesten verbunden, die dem Gebetsinhalt Ausdruck verleihen.

Die sakramentale Feier: Die Eucharistie als Quelle und Höhepunkt christlichen Lebens

Die Feier der Eucharistie wird vom Zweiten Vatikanischen Konzil (1962–1965) als »Quelle und Höhepunkt christlichen Lebens« bezeichnet. Die gesamte Liturgie der Kirche ist auf die Eucharistiefeier ausgerichtet. Die Eucharistiefeier ist in der römisch-katholischen Kirche und in der Orthodoxie – dort wird sie »Göttliche Liturgie« genannt – nach wie vor von größerer Bedeutung als in den reformatorischen Kirchen. Ein Gegensatz zwischen einer Kirche des Wortes und einer Kirche des Sakraments, wie er im Zeitalter des Konfes-

DB BAHN

Aktuelle Information
zu den Fahrplanmedien
Sommer 2012

Sehr geehrte Kunden,

bitte beachten Sie, dass der Halt am Flughafen Berlin Brandenburg bis auf weiteres entfallen wird, da der Eröffnungstermin des Flughafens Berlin Brandenburg kurzfristig und auf unbestimmte Zeit verschoben wurde.

Die Information zum Halt am Flughafen Berlin Brandenburg, wie in diesem Fahrplanmedium dargestellt, verliert somit bis auf unbestimmte Zeit die Gültigkeit.

Wir bedanken uns für Ihr Verständnis.

Aktuelle Fahrplaninformationen erhalten Sie unter www.bahn.de

sionalismus behauptet wurde, wird heute jedoch dem Selbstverständnis der Kirchen nicht mehr gerecht: So haben die reformatorischen Kirchen die Bedeutung des Abendmahls und umgekehrt die römisch-katholische Kirche die Feier des Wortes Gottes deutlich aufgewertet.

Im Zentrum der Eucharistiefeier steht das Hochgebet, in der Orthodoxie »Anaphora« genannt. Die Theologie des eucharistischen Gebets sei hier am Beispiel des vierten Hochgebets nach dem römischen Messbuch dargestellt, weil an diesem die heilsgeschichtliche Deutung des Feiergeschehens von der Schöpfung bis zur eschatologischen Vollendung besonders deutlich wird. Außerdem ist es den überlieferten ostkirchlichen Hochgebeten nachgebildet.

Jedes Hochgebet beginnt mit einem Einleitungsdialog zwischen dem Vorsteher der Feier (Bischof oder Priester), der in der Rolle Jesu Christi spricht, und der Gemeinde:

Vorsteher: »Der Herr sei mit euch.«
Gemeinde: »Und mit deinem Geiste.«
Vorsteher: »Erhebet die Herzen.«
Gemeinde: »Wir haben sie beim Herrn.«
Vorsteher: »Lasset uns danken dem Herrn, unserem Gott.«
Gemeinde: »Das ist würdig und recht.«

Daran schließt sich ein Lob- und Dankgebet (*Präfation*) an, das der Vorsteher spricht und das das Anliegen des Hochgebets formuliert – Lobpreis und Danksagung angesichts der Heilstaten Gottes:

»In Wahrheit ist es würdig, dir zu danken, heiliger Vater. Es ist recht, dich zu preisen. Denn du allein bist der lebendige und wahre Gott. Du bist vor den Zeiten und lebst in Ewigkeit. Du wohnst in unzugänglichem Lichte. Alles hast du erschaffen,

denn du bist die Liebe und der Ursprung des Lebens. Du er-
füllst deine Geschöpfe mit Segen und erfreust sie alle mit dem
Glanz deines Lichtes. Vor dir stehen die Scharen der Engel und
schauen dein Angesicht. Sie dienen dir Tag und Nacht, nie en-
det ihr Lobgesang. Mit ihnen preisen auch wir deinen Namen,
durch unseren Mund rühmen dich alle Geschöpfe und künden
voll Freude das Lob deiner Herrlichkeit.«

Es folgt als Gebetsruf der Gemeinde das *Sanctus,* das auf
die alttestamentlich-jüdische Tradition (vgl. Jes 6,3) zurückgeht. Mit dem Sanctus stimmt die versammelte Gemeinde in den Lobpreis der Engel und verstorbenen Heiligen ein, das heißt, die irdische Liturgie hat teil an der
himmlischen Liturgie:

»Heilig, heilig, heilig, Gott, Herr aller Mächte und Gewalten.
Erfüllt sind Himmel und Erde von deiner Herrlichkeit. Ho-
sanna in der Höhe. Hochgelobt sei, der da kommt im Namen
des Herrn. Hosanna in der Höhe.«

Die Herrlichkeit Gottes wird für die feiernde Gemeinde konkret erfahrbar durch das Kommen und die Gegenwart Jesu
Christi in der feiernden Gemeinde. Der Vorsteher fährt mit
der Erzählung und dem vergegenwärtigenden Gedenken der
Heilstaten Gottes in der Geschichte (*Anamnese*) fort:

»Wir preisen dich, heiliger Vater, denn groß bist du, und alle
deine Werke künden deine Weisheit und Liebe. Den Men-
schen hast du nach deinem Bild geschaffen und ihm die Sorge
für die ganze Welt anvertraut. Über alle Geschöpfe sollte er
herrschen und allein dir, seinem Schöpfer, dienen. Als er im
Ungehorsam deine Freundschaft verlor und der Macht des
Todes verfiel, hast du ihn dennoch nicht verlassen, sondern

voll Erbarmen allen geholfen, dich zu suchen und zu finden.
Immer wieder hast du den Menschen deinen Bund angeboten
und sie durch die Propheten gelehrt, das Heil zu erwarten.
So sehr hast du die Welt geliebt, heiliger Vater, dass du deinen
eingeborenen Sohn als Retter gesandt hast, nachdem die Fül-
le der Zeiten gekommen war.
Er ist Mensch geworden durch den Heiligen Geist, geboren
von der Jungfrau Maria. Er hat wie wir als Mensch gelebt, in
allem uns gleich außer der Sünde. Den Armen verkündete er
die Botschaft vom Heil, den Gefangenen Freiheit, den Trau-
ernden Freude.
Um deinen Ratschluss zu erfüllen, hat er sich dem Tod über-
liefert, durch seine Auferstehung den Tod bezwungen und
das Leben neu geschaffen.
Damit wir nicht mehr uns selber leben, sondern ihm, der für
uns gestorben und auferstanden ist, hat er von dir, Vater, als
erste Gabe für alle, die glauben, den Heiligen Geist gesandt,
der das Werk deines Sohnes auf Erden weiterführt und alle
Heiligung vollendet.«

Der Vorsteher bittet dann durch die feierliche Anrufung des
Gottesnamens, die von der Geste des Handausstreckens begleitet wird, um die Herabsendung des Heiligen Geistes (*Epiklese*) zur Heiligung der Gaben von Brot und Wein:

> *»So bitten wir dich, Vater: der Geist heilige diese Gaben, da-*
> *mit sie uns werden Leib und Blut unseres Herrn Jesus Chris-*
> *tus, der uns die Feier dieses Geheimnisses aufgetragen hat als*
> *Zeichen des ewigen Bundes.«*

Die Einsetzungs- oder Stiftungsworte, mit denen Jesus selbst
sein letztes Abendmahl mit den Jüngern gedeutet hat, bilden
den Kern des Hochgebets:

> *»Da er die Seinen liebte, die in der Welt waren, liebte er sie bis zur Vollendung. Und als die Stunde kam, da er von dir verherrlicht werden sollte, nahm er beim Mahl das Brot und sagte Dank, brach das Brot, reichte es seinen Jüngern und sprach:*
> *Nehmet und esset alle davon: Das ist mein Leib, der für euch hingegeben wird.*
> *Ebenso nahm er den Kelch mit Wein, dankte wiederum, reichte den Kelch seinen Jüngern und sprach:*
> *Nehmet und trinket alle daraus: Das ist der Kelch des neuen und ewigen Bundes, mein Blut, das für euch und für alle vergossen wird zur Vergebung der Sünden. Tut dies zu meinem Gedächtnis.«*

Nach den Einsetzungsworten folgt wieder ein Gebetsruf der Gemeinde, der das aktuelle Geschehen deutet und sich nun an den gegenwärtigen Jesus Christus wendet:

> *Vorsteher: »Geheimnis des Glaubens.«*
> *Gemeinde: »Deinen Tod, o Herr, verkünden wir, und deine Auferstehung preisen wir, bis du kommst in Herrlichkeit.«*

Es folgen die Anamnese, das heißt ein preisendes Gedenken, und die Darbringung der Gaben. Der Vorsteher spricht:

> *»Darum, gütiger Vater, feiern wir das Gedächtnis unserer Erlösung. Wir verkünden den Tod deines Sohnes und sein Hinabsteigen zu den Vätern, bekennen seine Auferstehung und Himmelfahrt und erwarten sein Kommen in Herrlichkeit. So bringen wir dir seinen Leib und sein Blut dar, das Opfer, das dir wohlgefällt und der ganzen Welt Heil bringt.*
> *Sieh her auf die Opfergabe, die du selber deiner Kirche bereitet hast, und gib, dass alle, die Anteil erhalten an dem einen*

Brot und dem einen Kelch, ein Leib werden im Heiligen Geist, eine lebendige Opfergabe in Christus zum Lob deiner Herrlichkeit.«

Die Gemeinde lässt sich also mit hineinnehmen in das Leiden und Sterben und damit in das Opfer Jesu Christi und bringt sich mit ihm Gott in Lob und Dank dar. Dem schließen sich Fürbitten (*Interzessionen*) für die Kirche an, in denen die ökumenische Dimension jedes Gottesdienstes zum Ausdruck kommt:

»Herr, gedenke aller, für deren Heil wir das Opfer darbringen. Wir bitten dich für unseren Papst [Name], unseren Bischof [Name] und die Gemeinschaft der Bischöfe, für unsere Priester und Diakone und für alle, die zum Dienst in der Kirche bestellt sind, für alle, die ihre Gaben spenden, für die hier versammelte Gemeinde, für dein ganzes Volk und für alle Menschen, die mit lauterem Herzen dich suchen.
Wir empfehlen dir auch jene, die im Frieden Christi heimgegangen sind, und alle Verstorbenen, um deren Glauben niemand weiß als du. Gütiger Vater, gedenke, dass wir deine Kinder sind, und schenke uns allen das Erbe des Himmels in Gemeinschaft mit der seligen Jungfrau und Gottesmutter Maria, mit deinen Aposteln und mit allen Heiligen. Und wenn die ganze Schöpfung von der Verderbnis der Sünde und des Todes befreit ist, lass uns zusammen mit ihr dich verherrlichen in deinem Reich durch unseren Herrn Jesus Christus, denn durch ihn schenkst du der Welt alle guten Gaben.«

Jedes eucharistische Hochgebet schließt mit dem Lobpreis, in dem der dreieinige Gott noch einmal verherrlicht wird:

»Durch ihn und mit ihm und in ihm ist dir Gott, allmächtiger Vater, in der Einheit des Heiligen Geistes alle Herrlichkeit und Ehre, jetzt und in Ewigkeit. Amen.«

In dieser Formel ist das Geheimnis des christlichen Trinitätsglaubens in unvergleichlicher Dichte ausgedrückt: (1) Gott Vater, der Ursprung von allem, ist der primäre Adressat der christlichen Anbetung; (2) die christliche Gemeinde betet mit Christus, seinem Sohn, zu Gott, dem Vater; der Sohn vermittelt zugleich das Gebet zum Vater; (3) diese Vermittlung geschieht durch den Heiligen Geist, der die Einheit von Vater und Sohn und zugleich die Gemeinschaft zwischen Gott und dem Menschen bewirkt.

Die gesamte versammelte Gemeinde bekräftigt mit dem »Amen« das Hochgebet und bringt damit zum Ausdruck, dass es nicht nur ein Gebet des Vorstehers, sondern aller zur Feier versammelten Gläubigen und der Kirche ist.

Das eucharistische Hochgebet ist – wie alle Hochgebete der Kirche – Lobpreis und Danksagung: Gott gebührt Lob und Dank für seine Heilstaten, die mit der Schöpfung begannen, mit seinen Bundesschlüssen und Offenbarungen an die Propheten immer wieder bestätigt wurden, in der Menschwerdung, im Leiden, Sterben und in der Auferstehung Jesu Christi ihren Höhepunkt erfahren haben und am Ende der Zeit ihre Vollendung finden werden. Was hier geschieht, ist Anamnese, preisendes Gedenken des Heilshandelns Gottes. Gedenken bedeutet in diesem Fall aber Vergegenwärtigung des Heilsgeschehens, indem die feiernde Gemeinde durch die Herabrufung des Heiligen Geistes, die Epiklese, Anteil erhält an der Gemeinschaft mit Gott, dem Vater, und mit Jesus Christus. Was im Hochgebet worthaft artikuliert wird, wird im Brechen des Brotes und in der Kommunion leibhaft und sinnenfällig erfahrbar. Zwischen Hochgebet und Symbolhandlung wird das Vaterunser gebetet und der Friedensgruß ausgetauscht. Die meisten liturgischen Weihe- und Segensgebete haben eine vergleichbare Grundstruktur.

Das christliche Gebet als Gebet zu Gott, dem Vater, durch Jesus Christus im Heiligen Geist

Christliches Beten ist Begegnung mit dem personalen Gott, der als nahe und gegenwärtig und doch zugleich als der bleibend Andere, der Transzendente, der Unverfügbare erfahren wird. Das christliche Gebet ist wesentlich Lobpreis und Dank für das Heilshandeln Gottes in der Geschichte als Schöpfer, Offenbarer und Erlöser. Dies verbindet das christliche Gebet grundlegend mit dem jüdischen Gebet und Gottesdienst. Im Mittelpunkt christlichen Betens und christlicher Liturgie steht dabei aber das Heilshandeln Gottes in Jesus Christus: die Menschwerdung des göttlichen Wortes in Jesus Christus, seine Botschaft und sein Handeln, sein Leiden und sein Sterben, seine Auferstehung und Erhöhung.

Interessant und von besonderer Bedeutung ist die Tatsache, dass sich die Gebete des Vorstehers der Eucharistiefeier fast immer an Gott, den Vater, richten, während die feiernde Gemeinde sich auch direkt an Jesus Christus wendet (z.B. in Form von Kyrie, Gloria, Agnus Dei). Jede Anbetung Christi aber zielt letztlich auf die Verherrlichung des Vaters. Christus ist der Mittler des Gebets, der Zugang zum Vater. Dies wird etwa im Schluss des Tagesgebets deutlich:

>*»Darum bitten wir durch ihn, Jesus Christus, deinen Sohn, unseren Herrn und Gott, der in der Einheit des Heiligen Geistes mit dir lebt und herrscht in alle Ewigkeit.«*

In der westkirchlichen Liturgie gibt es im Unterschied zur Ostkirche kein explizites liturgisches Gebet zum Heiligen Geist, wohl aber Hymnen wie den bekannten Pfingsthymnus *Veni creator spiritus* (»Komm, Schöpfer Geist«). In der Epiklese bittet die Kirche Gott, den Vater, um die Herabsendung des Geistes, damit der Geist selbst in uns betet. Daraus wird deutlich, dass das christliche Gebet ein Gebet *zu* Gott, dem Vater, *durch* und *mit* Jesus Christus *im* Heiligen Geist ist (vgl. Röm 8,26; 1 Kor 12,3). Christliches Gebet ist damit trinitarisches Gebet, das heißt, es richtet sich an den dreieinigen Gott und wird durch den dreieinigen Gott selbst im Menschen bewirkt.

2. Der Gott Jesu Christi und der Geist Jesu Christi – Die Zeugnisse des Neuen Testaments

Das alttestamentliche Gottesverständnis als Fundament

»Die Auffassung von Gott im Neuen Testament ist grundsätzlich die der Hebräischen Bibel.«[42] Das gilt als Konsens in der christlichen Theologie. Versuche, das Alte Testament aus dem christlichen Kanon auszuschließen, wie es Marcion im 2. Jahrhundert versuchte, sind gescheitert und wurden von der gesamten Kirche verurteilt. Dies konnte jedoch nicht verhindern, dass über Jahrhunderte hinweg bis in die Gegenwart das alttestamentliche und jüdische Gottesverständnis als unzulängliche Vorstufe des neutestamentlich-christlichen Gottesverständnisses interpretiert wurde. So wurde der alttestamentliche Gott nicht selten als Gott der Rache und Gewalt dem neutestamentlichen Gott der Liebe und Vergebung entgegengesetzt. Die Theologie nach dem Zweiten Vatikanischen Konzil hat diese Versuche als theologisch unhaltbar und als antijüdisch zurückgewiesen: »Eine Missachtung der jüdischen Bibel bedeutet zugleich, die Identität Jesu als Sohn Israels zu leugnen und damit Jesus selbst zu verleugnen. Eine Missachtung der jüdischen Bibel bedeutet außerdem, den Gott der Bibel, den Gott Israels und damit auch Jesu, den Gott also des Alten und des Neuen Testaments zu leugnen.«[43] Das Alte Testament und das Judentum sind das Fundament des Christentums, christliche Identität kann es ohne Altes Testament und ohne Judentum nicht geben.

Jesu Verkündigung steht ohne jeden Zweifel voll und ganz auf dem Boden der Tora und des damaligen Judentums, das eine große innere Pluralität aufwies. Grundsätzlich will Jesus die Tora weder aufheben noch überbieten, sondern »erfüllen« im Sinne von bestätigen und bekräftigen. Dies gilt auch hinsichtlich der oft fälschlicherweise als »Antithesen« bezeichneten Seligpreisungen der Bergpredigt (Mt 5–7). Mit dem Ausspruch: »Ich aber sage euch ...«, den Jesus jeweils einem Gebot aus der Tora entgegensetzt, kritisiert er jedoch nie die Tora an sich, sondern lediglich bestimmte jüdische Zeitgenossen, die die Tora aus seiner Sicht falsch auslegen oder nicht danach leben. Er kritisiert vor allem eine äußerliche Gesetzeserfüllung und fordert stattdessen eine Erfüllung aus dem Herzen heraus, eine Erfüllung des Geistes, nicht des Buchstabens. Dies aber ist nicht neu, sondern fordert bereits die Hebräische Bibel selbst (vgl. z.B. 2 Kön 23,25).

Das Doppelgebot der Gottes- und Nächstenliebe

In den Evangelien nach Matthäus (22,37–39) und Lukas (10,27) findet sich das Doppelgebot der Gottes- und Nächstenliebe der Tora (vgl. Dtn 6,5; Lev 19,18) in konzentrierter Form, ohne dabei die übrigen Weisungen für überflüssig zu erklären. Die einzelnen kultischen und sozialethischen Gebote resultieren vielmehr aus den beiden Hauptgeboten und sind daran zu messen. Nach der Überlieferung des Matthäus (22,37) lautet das wichtigste und erste Gebot: »Du sollst den Herrn, deinen Gott, lieben mit ganzem Herzen, mit ganzer Seele und mit all deinen Gedanken.« Herz, Seele und Gedanken bilden hier eine Trias fast synonymer geistiger Kräfte, die sich auf den einen Gott ausrichten sollen. Das zweite Gebot ist aber ebenso wichtig: »Du sollst deinen Nächsten lieben wie dich selbst« (Mt 22,39). Diese Zusammenstellung der beiden Liebesgebote als Quintessenz der Tora durch Jesus entspricht durchaus dem Geist des Judentums.

Bei der Interpretation dessen, was hier mit Gottes- und Nächstenliebe gemeint ist, ist deshalb die zeitgenössische jüdische Auslegung der alttestamentlichen Stellen heranzuziehen: »In der jüdischen Auslegung von Dtn 6,5 äußert sich ›Liebe zu Gott‹ in erster Linie in Taten des Gehorsams, der Frömmigkeit, der Torahtreue. Gott lieben heißt, sein Leben für seine Gebote hinzugeben.«[44] »Gott lieben« meint also nicht nur ein Gefühl, sondern es bedeutet die Anerkennung des einzigen Gottes und den tätigen Gehorsam ihm gegenüber. »Gott lieben« heißt deshalb nach biblisch-christlichem Verständnis »Hingabe an Gott«, und zwar ausschließliche, vertrauendtreue Hingabe an den einen Gott. Ausdruck dieser Liebe ist die Verherrlichung Gottes in Gebet und Liturgie.

Doch Liturgie ohne Diakonie ist nicht wahrhaftig – die christliche Orthodoxie nennt die Diakonie deshalb ganz treffend die »Liturgie nach der Liturgie«. Gottes- und Nächstenliebe sind zwei Seiten derselben Medaille: Bezeichnenderweise handelt der Kontext des Liebesgebots, Lev 19,11–18, »von den grundlegenden ethischen Geboten Gottes gegenüber den Nächsten« und meint somit »ein praktisches, solidarisches Verhalten«[45], wie es in der zweiten Dekalogtafel zusammengefasst ist. Zu diesem Kontext gehört auch das Fremdenliebe-Gebot (Lev 19,33f), weil Gott selbst den Fremden liebt (vgl. Dtn 10,18f). Jesus greift diese Gebote der Tora auf: Nächstenliebe zeigt sich nach Jesu Botschaft und Handeln konkret in den »Werken der Barmherzigkeit« (Mt 25,35–40). Jesu Gebot der Nächstenliebe gilt sogar gegenüber den eigenen Feinden (vgl. Mt 5,43–48).

Voraussetzung für die Nächstenliebe ist nach jüdischem wie christlichem Glauben das Handeln Gottes selbst. Denn ohne Bedingung wendet er sich den Menschen in Liebe und

Barmherzigkeit zu. Er handelt nicht nur in Liebe, sondern er *ist* die Liebe: »Die Liebe ist nun dadurch, dass Gott uns zuerst geliebt hat (vgl. 1 Joh 4,10), nicht mehr nur ein ›Gebot‹, sondern Antwort auf das Geschenk des Geliebtseins, mit dem Gott uns entgegengeht.«[46] Und diese Liebe ist sogar bereit, sich selbst für andere hinzugeben (vgl. Joh 3,16). Die Erfüllung dieser Liebesgebote bedeutet die Nachahmung Gottes: »Seid vollkommen, wie euer himmlischer Vater vollkommen ist!« (Mt 5,48; vgl. Lev 19,2).

Das spezifisch Christliche und Neue im Gottesverständnis

All das Gesagte hat seine Wurzeln im damaligen Judentum. Was aber ist dann das Spezifische und Neue der Botschaft Jesu? Das Spezifische ist, dass Jesus den alttestamentlichen Gedanken von der Königsherrschaft Gottes (vgl. Ps 47; 93; 95–99) ins Zentrum seiner Botschaft stellt. Das Neue ist sein Anspruch, dass das Reich Gottes mit seiner Person, seiner Botschaft und seinem Handeln bereits angebrochen ist (vgl. Mk 1,15; Lk 4,43; 8,1), weil er in einem einzigartigen Verhältnis zu Gott steht, den er seinen »Vater« nennt: Die Dämonenaustreibungen, Wunderheilungen und Totenerweckungen, die Zusage der Sündenvergebung und die bedingungslose Zuwendung zu den an den Rand Gedrängten sind wirksame Zeichen dieser Herrschaft Gottes, der von Gott durch Jesus geschenkten Gemeinschaft und Nähe.

Jesus beansprucht, die Liebe Gottes, seine dem Menschen angebotene, Heil bringende Gemeinschaft selbst zu verkörpern. Deshalb nennen die Christen ihn nach Ostern den »Sohn Gottes«, den »Messias«, den »Herrn«, weil in ihm, in seiner Person, Gott selbst wirklich gegenwärtig geworden ist. »In Jesus hat sich Gott selbst ausgelegt – und zwar der Gott

Israels. Nur wer den Gott Israels ›begreift‹, kann Jesus als ›Sohn Gottes‹ verstehen.«[47] Jesus Christus ist die »Realpräsenz« Gottes, das Ur-Sakrament, das wirksame und eindeutige Zeichen der Heil schaffenden Nähe Gottes. Er ist der »gott-entsprechende Mensch« (Eberhard Jüngel) wie kein anderer. Das meinen die Begriffe »Menschwerdung Gottes« oder »Inkarnation«. Der Prolog des Johannes-Evangeliums formuliert mithilfe der Logoslehre dieses Geheimnis der Menschwerdung Gottes:

> »*Im Anfang war das Wort,*
> *und das Wort war bei Gott,*
> *und das Wort war Gott.*
> *Im Anfang war es bei Gott.*
> *Alles ist durch das Wort geworden*
> *und ohne das Wort wurde nichts, was geworden ist.*
>
> *Und das Wort ist Fleisch geworden*
> *und hat unter uns gewohnt*
> *und wir haben seine Herrlichkeit gesehen,*
> *die Herrlichkeit des einzigen Sohnes vom Vater,*
> *voll Gnade und Wahrheit.*«
>
> *Joh 1,1–3.14*

Die christliche Theologie spricht mit Bezug auf diesen Prolog von der »Präexistenz«, das heißt der Ungeschaffenheit, des göttlichen Wortes, das in Jesus Fleisch geworden ist. Das Wort Gottes, der Sohn, ist kein Geschöpf, sondern von Anfang an göttlich. Vorbereitet wurde diese Überzeugung durch die jüdisch-hellenistische Weisheitsspekulation: Die Weisheit ist Mittlerin, Prinzip und Urbild der Schöpfung (vgl. Spr 8f; Weish 7–9; Sir 24). Diese Vorstellung wird in der frühchristlichen Theologie nun auf Jesus Christus übertragen.

85

Der Anfang des Johannesevangeliums im Codex Sinaiticus, die älteste erhaltene Handschrift der Bibel (ca. 330–360 n.Chr.), die das Neue Testament vollständig umfasst.

Auch die biblisch-jüdische Vorstellung von der »Einwohnung« (*Schekhina*) Gottes (vgl. Ex 19–40) kann als Deutungshorizont herangezogen werden: Das fleischgewordene Wort Gottes ist zu einem »Wohnort« Gottes geworden, an dem die Herrlichkeit Gottes geschaut werden kann.

Insgesamt legt die johanneische Theologie wichtige Grundlagen für spätere trinitätstheologische Reflexionen. In

Joh 5,19–30 wird ausgesagt, dass der Sohn die gleiche göttliche Würde und Macht besitzt wie der Vater. Der Vater ist im Sohn erkennbar (vgl. Joh 14,7–11). In derselben Rede verheißt Jesus das Kommen des Heiligen Geistes als bleibenden Beistand für die Gläubigen (vgl. Joh 14,15–26). Im Abschiedsgebet Jesu, wie es Johannes überliefert, wird die Einheit Jesu mit dem Vater und den Glaubenden zum Ausdruck gebracht: »Alle sollen eins sein: Wie du, Vater, in mir bist und ich in dir bin, sollen auch sie in uns sein, damit die Welt glaubt, dass du mich gesandt hast« (Joh 17,21).

Jesus verwendet die Vater-Anrede vielleicht häufiger als sein jüdisches Umfeld, aber die Verwendung an sich ist im jüdischen Kontext weder neu noch ungewöhnlich. Für Juden ist nicht die Möglichkeit einer solchen Nähe Gottes das Problem, sondern dass diese exklusiv an einer Person bzw. an der Person Jesu festgemacht wird und diese Person wie Gott selbst angebetet und verherrlicht wird (vgl. Phil 2,6–11). Diese ursprüngliche christliche Glaubenserfahrung, die sich in der Ostererfahrung der Jüngerinnen und Jünger Jesu konkretisiert und verdichtet, führt erst im Laufe der Jahrhunderte zu einer tieferen theologisch-systematischen Durchdringung. Grundlage dafür waren die christologischen Hoheitstitel, die im Neuen Testament in Bezug auf Jesus zu finden sind, vor allem der Messias- und der »Sohn-Gottes«-Titel. Diese Hoheitstitel sollten die einzigartige und unüberbietbare Nähe und Gegenwart Gottes in der Person Jesu ausdrücken: Er ist nicht nur ein Prophet, der eine Botschaft von Gott bringt, sondern er selbst ist die Botschaft.

Die österliche Erfahrung führte auch zu einem neuen Namen Gottes, den das Neue Testament, vor allem Paulus, verkündigt: »Gott, der Jesus von den Toten auferweckt hat« (vgl. Röm 4,24; 8,11; 2 Kor 4,14 u.a.). Mit Paulus wird diese Botschaft über das Judentum hinaus zu den Völkern getragen:

»Bereits in der Bibel Jesu ist die Vorstellung von einer Verehrung des Gottes Israels durch die Völker virulent, wie besonders der das Jesajabuch fortschreibende anonyme Prophet Deutero-Jesaja zeigt: Hier ist Israel Licht für die Völker und Zeuge JHWHs vor den Völkern, die zum Zion pilgern und JHWHs Wort und Tora empfangen. Diese Vorstellung ›schreibt‹ das Neue Testament ›fort‹, indem es Jesus als den eschatologischen Messias und Sohn Gottes vorstellt, der die Königsherrschaft Gottes über Juden wie Nichtjuden, über alle Menschen herbeiführt.«[48] Für Paulus hat sich der Gott der Väter »auf endgültige Weise in Jesus Christus geoffenbart und durch ihn zur Rettung aller Menschen gehandelt«[49]. Damit bleibt auch bei Paulus die Theozentrik erhalten: Gott ist Handelnder, Christus ist der Mittler des Heils und all sein Werk geschieht »zur Ehre Gottes, des Vaters« (Phil 2,11c). Dies gilt auch angesichts des Leidens und Sterbens Jesu Christi: »Im Blick auf den Gekreuzigten offenbart sich Gottes Allmacht als die Macht, die sich mit keinen anderen Mitteln als denen *der wehrlosen Liebe* durchsetzt.«[50]

Neben die Christologie tritt im Neuen Testament, besonders bei Paulus und dann bei Johannes, eine weitere Größe: der Heilige Geist, auch »Geist der Heiligkeit«, »Geist Gottes« oder »Geist Christi« genannt, mit dem die an Christus Glaubenden durch die Taufe beschenkt sind (vgl. Röm 8,1–17). Der »Geist Gottes« und der »Geist Christi« sind also identisch. Dem Alten Testament und dem Judentum – und, wie wir sehen werden, auch dem Koran – ist der Begriff »Heiliger Geist« oder »Geist Gottes« keineswegs unbekannt: Der (Heilige) Geist ist Synonym für die Gegenwart und das schöpferische, Leben spendende Wirken Gottes. In der rabbinischen Theologie wird dieser Geist Gottes häufig personifiziert, also nicht nur als eine apersonale Wirkmacht Gottes gesehen. Der Geist Gottes wirkt in den Menschen, in der Gemeinschaft der Glaubenden und schenkt nach Paulus die verschiedenen Gnadengaben und Charismen (vgl. Röm 12,6–8; 1 Kor 12,4–11). Durch ihn ist der auferstandene Christus in seiner Kirche, aber auch über deren sichtbare Grenzen hinaus gegenwärtig und wirksam.

Paulus ist es auch, für den die Hoffnung auf das baldige Wiederkommen Christi ganz akut ist: Wenn Christus wiederkommt und den Tod und das Böse besiegt, werden alle Toten auferweckt, und schließlich wird Christus seine Herrschaft Gott, dem Vater, übergeben. »Wenn ihm dann alles unterworfen sein wird, wird auch er, der Sohn, sich dem unterwerfen, der ihm alles unterworfen hat, damit Gott alles in allem sei« (1 Kor 15,28).

Als Fazit lässt sich festhalten: Das biblische Gotteszeugnis ist und bleibt Quelle und Maßstab jeder christlichen Gotteslehre, die Schrift ist »normierende Norm«, an der sich lehramtliche Aussagen, wissenschaftliche Theologie und der Glaubenssinn des Gottesvolkes stets messen müssen. Die Schrift in ihren beiden Teilen ist durch und durch theozentrisch, das heißt, sie stellt den einen, barmherzigen, rettenden, liebenden und gerechten Gott ins Zentrum. Dieses biblische Zeugnis ist nicht nur vielschichtig und vielfältig, sondern auch – von der Sache her wie auch durch die geschichtliche Entwicklung – spannungsreich: Deshalb zieht sich das Grundproblem durch die christliche Gotteslehre, dass »ein systematisierender, harmonisierender Ausgleich aller Gotteszeugnisse nicht möglich ist«[51]. Die biblischen Gottesbilder »bilden nicht Gottesideen ab, sondern Gottesgeschichte, erfahrene und erhoffte Gottesgeschichte«[52].

3. Einheit und Dreifaltigkeit Gottes in der christlichen Theologie

Vom trinitarischen Bekenntnis zur Trinitätslehre

Das Neue Testament kennt noch keine Trinitätslehre. Erst allmählich wurde die liturgische Praxis der Anbetung und Verherrlichung Jesu Christi als »Herrn« neben dem Vater zu einem theologischen Problem für die Christen. Der frühe Gebrauch der triadischen Formeln (z.B. 2 Kor 13,13) und der trinitarischen Taufformel (Mt 28,19) brachten außerdem noch die dritte Größe, den »Heiligen Geist«, ins Spiel. Die frühen Christen fühlten sich deshalb nicht als »Polytheisten«, spürten aber bald die Spannungen, die sich aus dem Bekenntnis zum »Eingottglauben« ergaben, und bedienten sich bei ihrer Reflexion und Diskussion zunehmend der verschiedenen griechischen Philosophien und ihrer Terminologien, die sie entsprechend ihrer Glaubenserfahrung umformten.

Irenäus von Lyon († um 200) formuliert die christliche Grundüberzeugung, wonach das Wort, d.h. der Sohn, und die Weisheit, das heißt, der Geist, nicht in der Zeit erschaffen, sondern seit jeher beim Vater waren, also präexistent sind. Tertullian (ca.160–222) verwendet lateinische Begriffe, die für die westkirchliche Trinitätslehre prägend wurden. Bei ihm taucht erstmals der Begriff »Trinität« auf; auch spricht er von der »Einheit der Substanz« und von den »drei Personen« in Bezug auf Gott. Er wendet sich damit vor allem gegen modalistische Auffassungen, wonach der eine Gott lediglich in drei »Erscheinungsweisen« oder Rollen (»Masken«) auftritt, die einander ablösen. Eine paradoxe Konsequenz des Modalismus wäre, dass der Vater selbst am Kreuz gelitten hätte und gestorben wäre. Allerdings werden der Sohn und der Heilige Geist bei Tertullian wie auch bei dem ostkirchlichen Theologen Origenes (ca. 185– 254) dem Vater noch untergeordnet (»Subordination«). Gegen Arius († 336), der ebenfalls behauptet, dass Jesus und der Heilige Geist Gott Vater untergeordnet und seine Geschöpfe sind, formuliert das Erste Ökumenische Konzil in Nizäa im Jahr 325 die Wesenseinheit von Vater und Sohn und wird damit zum Ausgangspunkt des christlichen Glaubensbekenntnisses:

> »Wir glauben an den einen Gott, den allmächtigen Vater, Schöpfer aller sichtbaren und unsichtbaren Dinge, und an den einen Herrn Jesus Christus, den Sohn Gottes, als Einziggeborener gezeugt vom Vater. Das heißt aus der Wesenheit des Vaters, Gott von Gott, Licht vom Lichte, wahrer Gott vom wahren Gott, gezeugt, nicht geschaffen, wesenseins mit dem Vater, durch den alles geworden ist, was im Himmel und was auf Erden ist, der um uns Menschen und um unseres Heiles willen herabgestiegen und Fleisch und Mensch geworden ist, gelitten hat und am dritten Tage auferstanden ist, aufgestiegen zu den Himmeln und kommen wird, zu richten die Lebenden und die Toten. Und an den Heiligen Geist.«

Der Sohn, das Wort Gottes, ist also nicht in der Zeit geschaffen, ist kein Geschöpf, sondern göttlichen Wesens von Anfang an. Die Begründung dafür ist eine heilstheologische: Wäre der Sohn Gottes nicht göttlicher Natur, sondern nur Geschöpf, hätte er die Menschen nicht erlösen können. Das Konzil von Chalzedon (451) definiert dann später, dass die göttliche und die menschliche Natur in Christus »ungetrennt und unvermischt« sind, das heißt, er ist kein Zwitterwesen und Gott geht nicht einfach in Jesus Christus auf.

91

Das Wesen des Heiligen Geistes und seine Zuordnung zu Vater und Sohn werden im nizänischen Glaubensbekenntnis noch nicht genauer definiert. Dies geschieht erst auf dem Zweiten Ökumenischen Konzil in Konstantinopel 381, wo das nizänische Credo zum nizäno-konstantinopolitanischen Glaubensbekenntnis erweitert wird, das bis heute in der Liturgie von Ost- und Westkirchen verwendet wird:

»Ich glaube an den einen Gott, den allmächtigen Vater, Schöpfer des Himmels und der Erde, aller sichtbaren und unsichtbaren Dinge.

Und an den einen Herrn Jesus Christus, Gottes ein(zig)geborenen Sohn. Er ist aus dem Vater geboren vor aller Zeit: Gott von Gott. Licht vom Licht, wahrer Gott vom wahren Gott; gezeugt, nicht geschaffen, eines Wesens mit dem Vater. Durch ihn ist alles geschaffen. Für uns Menschen und um unseres Heiles willen ist er vom Himmel herabgestiegen. Er hat Fleisch angenommen durch den Heiligen Geist aus Maria, der Jungfrau, und ist Mensch geworden. Gekreuzigt wurde er sogar für uns. Unter Pontius Pilatus hat er den Tod erlitten und ist begraben worden. Er ist auferstanden am dritten Tage gemäß der Schrift. Er ist aufgefahren in den Himmel und sitzet zur Rechten des Vaters. Er wird wiederkommen in Herrlichkeit, Gericht zu halten über Lebende und Tote, und seines Reiches wird kein Ende sein.

Ich glaube an den Heiligen Geist, den Herrn und Lebensspender, der vom Vater ausgeht. Er wird mit dem Vater und dem Sohn zugleich angebetet und verherrlicht. Er hat gesprochen durch die Propheten ...«

Hier wird nun auch das Gottsein und Personsein des Heiligen Geistes dogmatisiert. Der Heilige Geist war bereits aktiv vor der Menschwerdung des Sohnes als schöpferische, Leben spendende Kraft und als inspirierende, prophetische Kraft. Er ist dem Vater und dem Sohn nicht unter-, sondern gleichgeordnet. Er ist gleichsam die liebende Verbindung zwischen Vater und Sohn und zugleich bewirkt er die Gemeinschaft des Menschen mit Gott.

Abgrenzung vom Dreigötterglauben

Christliche Theologen und das kirchliche Lehramt sehen sich jedoch immer wieder genötigt, die Trinitätslehre gegen den Vorwurf des »Polytheismus« zu verteidigen, wie dies um 350 bereits Athanasius tat, indem er von dem »Einen Gott in der Dreiheit« spricht. Das ihm – wohl fälschlicherweise – zugeschriebene »athanasianische Glaubensbekenntnis« aus dem 5. oder 6. Jahrhundert versucht ebenfalls, die Einheit und Dreiheit in Gott miteinander zu vermitteln:

> »Wir verehren den einen Gott in der Dreifaltigkeit und die Dreifaltigkeit in der Einheit, ohne Vermengung der Personen und ohne Trennung der Wesenheit. Eine andere nämlich ist die Person des Vaters, eine andere die des Sohnes, eine andere die des Heiligen Geistes. Aber Vater und Sohn und Heiliger Geist haben nur Eine Gottheit, gleiche Herrlichkeit, gleich ewige Majestät. Wie der Vater, so der Sohn, so der Heilige Geist. Unerschaffen ist der Vater, unerschaffen der Sohn, unerschaffen der Heilige Geist. Unermesslich ist der Vater, unermesslich der Sohn, unermesslich der Heilige Geist. Ewig ist der Vater, ewig der Sohn, ewig der Heilige Geist. Und doch sind es nicht drei Ewige, sondern Ein Ewiger, wie auch nicht drei Unerschaffene und nicht drei Unermessliche, sondern Ein Unerschaffener und Ein Unermesslicher ... Denn wie wir nach der christlichen Wahrheit jede Person einzeln als Gott und Herrn bekennen, so verbie-

tet uns doch auch der katholische Glaube, drei Götter oder Herren anzunehmen.«

Wie kaum in einem anderen lehramtlichen Text bis dahin wird in diesem Credo die Einzigkeit Gottes betont und ein Tritheismus abzuwehren versucht. Im Laufe der Theologie- und Dogmengeschichte musste diese Lehre immer wieder neu verteidigt und vertieft werden. So stellte sich die Frage, worin denn nun genau der Unterschied zwischen den drei göttlichen Personen bestehe, wenn sie doch in ihrem Wesen, in ihrem Gottsein, gleich sind. Eine Antwort darauf fanden die drei Kirchenväter aus Kappadokien im 4. Jahrhundert, Basilius von Cäsarea, Gregor von Nyssa und Gregor von Nazianz: Der Vater ist der alleinige Ursprung, der Sohn geht aus dem Vater hervor (»gezeugt«), der Heilige Geist aus dem Vater durch den Sohn (»gehaucht«). Die Unterscheidung der drei göttlichen Personen liegt also nicht im Wesen, da sie alle drei göttlich sind, sondern in der Beziehung der drei zueinander hinsichtlich ihres Ursprungs (»Relationen«). Es handelt sich aber nicht um drei selbstständige Subjekte, vielmehr durchdringen sich die drei Personen wechselseitig.

Von der Spekulation zum Verstummen vor dem Geheimnis Gottes

Im Gefolge dessen konzentriert sich die Trinitätslehre, vor allem seit Augustinus († 430), immer mehr auf die innergöttliche Wirklichkeit statt auf das für den Menschen erfahrbare Wirken Gottes nach außen. Charakteristisch für Augustinus' Gotteslehre ist auch, dass er nach Analogien zwischen der Trinität und dem Menschen sucht: So sieht er im menschlichen Geist mit seinen drei Dimensionen: Gedächtnis, Einsicht und Wille, oder Geist, Erkenntnis und Liebe Analogien zu den drei trinitarischen Wirklichkeiten Vater, Sohn und Geist. Immer mehr wird in den folgenden Jahrhunderten die Spekulation über das innere Wesen Gottes vertieft.

Den Höhepunkt der theologischen Systematisierung der Trinitätslehre bildet die Hochscholastik mit Thomas von Aquin († 1274), die für die katholische Kirche bis zur Gegenwart beherrschend wurde. Dies gilt auch und besonders für seine Überlegungen zu den Eigenschaften Gottes, die für das Gespräch mit Judentum und Islam von Bedeutung sind. Zwar blieb sich die christliche Theologie stets dessen bewusst, dass das Wesen des transzendenten Gottes von der begrenzten menschlichen Vernunft nicht erkannt werden kann, trotzdem hat es intensive Reflexionen darüber gegeben.

Für Thomas von Aquin sind Existenz und Wesen, also Da-Sein und So-Sein Gottes, letztlich identisch. Dennoch unterscheidet er hinsichtlich des So-Seins Gottes zwischen Wesens- und Handlungseigenschaften. Zu den Wesenseigenschaften zählt er die Einfachheit, Vollkommenheit, Gutheit, Unendlichkeit, Allgegenwart, Unveränderlichkeit und Ewigkeit Gottes, zu den Handlungseigenschaften die göttliche Allwissenheit, Allmacht, Liebe und Gerechtigkeit. Doch selbst Thomas von Aquin weiß: »Die höchste Gotteserkenntnis, die wir in diesem Leben von Gott haben können, besteht darin, einzusehen, dass Gott alles übersteigt, was wir von ihm denken. Da wir von Gott nicht wissen können, was er ist, sondern nur, was er nicht ist, so können wir ihn auch nicht betrachten, wie er ist, sondern nur, wie er nicht ist.«[53]

Thomas nimmt hier Bezug auf einen Strang der christlichen Gotteslehre, der ein unerlässliches Gegengewicht zu den theologisch-philosophischen Versuchen darstellt, Gottes Geheimnis verstandesmäßig zu durchdringen: die »apophatische«, das heißt die verneinende oder »negative« Theologie. Ein Philosoph, der um 500 unter dem Namen Dionysius Areopagita schrieb, betont die Unbegreiflichkeit, Unaussprechbarkeit und völlige Andersartigkeit Gottes. Positive Aussagen über Gott (so und so ist Gott) sind demnach nicht angemessen, sondern lediglich verneinende Aussagen (so und so ist Gott nicht). Gott ist für den Areopagiten letztlich nur auf dem Weg der mystischen Vereinigung erfahrbar.

So wirkte diese theologische Richtung befruchtend auf die christliche Mystik etwa Meister Eckharts († 1328), aber auch auf die Theologie des Nikolaus von Kues († 1464), der von der »gelehrten Unwissenheit« (lat. *docta ignorantia*) in Bezug auf die menschliche Rede von Gott sprach. Das Gottesbild Luthers und der Reformation ist ebenfalls von der Spannung zwischen dem geoffenbarten Gott und dem verborgenen Gott geprägt. Die christliche Gottesrede steht damit vor einem Paradox: »Gott offenbart sich als der (bleibend) Verborgene, Gott ist das offenbare Geheimnis.«[54] Wir können und dürfen und müssen also von Gott sprechen, weil er sich geoffenbart hat, aber unser Sprechen mündet immer wieder in ein Verstummen, weil Gott letztlich doch zu groß ist für den endlichen Menschen. Hier kommt das alttestamentliche Bilderverbot wieder zu seinem Recht: *Deus semper maior* (Ignatius von Loyola) – Gott ist stets größer als alles, was wir denken und uns vorstellen können.

Metaphorische und analoge Gottesrede

Christen sollte gerade auch im Blick auf die anderen Religionen klar sein, dass es bei der Trinitätslehre nicht um irgendwelche überflüssigen theologischen Spekulationen geht.

Zwar hat sich die christliche Trinitätslehre über die Jahrhunderte hinweg in heute kaum mehr nachvollziehbaren Spitzfindigkeiten verirrt. Umso mehr geht es darum, das Kernanliegen des trinitarischen Bekenntnisses in verständlicher Weise zu formulieren. Zuerst müssen auf der rein sprachlichen Ebene eine Reihe von Missverständnissen ausgeräumt werden. Dazu bedarf es einer reflektierten theologischen Hermeneutik.

Im Dialog mit Juden und Muslimen sollten sich Christen bewusst machen und klarstellen, dass die Bezeichnung Gottes als »Vater« und Jesu Christi als »Sohn Gottes« nicht biologisch, sondern im metaphorischen, das heißt im übertragenen Sinn zu verstehen ist. Jesus selbst sprach meist in Bildern, Symbolen, Metaphern und Gleichnissen von Gott, weil diese Sprachmittel im Unterschied zur wörtlichen Rede eine Vielzahl von Konnotationen enthalten und reiche Assoziationen und Emotionen auslösen: »Die Gott-Metaphern versinnlichen Gott, aber sie bilden ihn nicht ab; sie nennen ihn, aber sie legen ihn nicht begrifflich fest; sie sprechen sein Wesen und sein Wollen aus, aber sie leiten kein Glaubensgesetz daraus ab.«[55]

Wir können über Gott aufgrund seiner Selbstoffenbarung in Jesus Christus sichere Aussagen machen, aber diese Aussagen sind grundsätzlich und unausweichlich unzulänglich, um Gottes Wesen gänzlich zu erfassen. Obwohl Gott sich selbst kundgegeben hat, spricht er in einer Sprache, die wir Menschen mit unserer begrenzten Vorstellungs- und Erfahrungswelt verstehen können: Gottes Wort gibt es nur im Menschenwort (vgl. Dei Verbum, 13). Dieses Offenbarungsverständnis unterscheidet sich vom traditionellen Offenbarungsverständnis des Judentums und des Islam, ist aber auch im Christentum theologiegeschichtlich noch relativ neu und keineswegs bereits Mainstream in allen christlichen Kirchen.

Der Grund für die Metaphorik religiöser Rede liegt in der seinsmäßigen Differenz von Schöpfer und Geschöpf. Aufgrund dieser seinsmäßigen Differenz können wir nur analoge Aussagen, das heißt Ähnlichkeitsaussagen, in Bezug auf Gott machen. Bereits das Vierte Laterankonzil (1215) hat im Anschluss an Thomas von Aquin die Analogizität der Gottesrede dogmatisiert und damit im Grunde die Tradition der »negativen Theologie« bestätigt: »Zwischen Schöpfer und Geschöpf gibt es keine Ähnlichkeit, ohne dass diese von einer noch größeren Unähnlichkeit begleitet wäre.« Damit ist gesagt, dass angesichts der Andersartigkeit Gottes jeglicher Vergleich begrenzt ist. Unsere auf der Offenbarung gründenden Aussagen über Gott haben eine gewisse *Ähnlichkeit* mit der Wirklichkeit Gottes, aber die *Unähnlichkeit* ist stets größer.

Die Begriffe »Vater« und »Sohn« in Bezug auf Gott und Jesus Christus sind solche analog-metaphorischen Begriffe. Sie sind Beziehungsbilder wie die meisten biblischen Gottesbilder, sie sind »Metaphern der Zugehörigkeit« (Jürgen Werbick). Damit ist nicht gemeint, dass sie keine wahre Aussage über die Wirklichkeit machen, im Gegenteil: Sie sagen aus, dass Jesus Christus in einer ganz besonders engen, letztlich einzigartigen und unüberbietbaren Beziehung zu Gott steht, dass er ganz von Gottes Wirklichkeit durchdrungen war. Dadurch, dass wir Menschen durch Jesus und seinen Geist in diese Beziehung zu Gott hineingenommen sind, dürfen wir uns auch »Söhne und Töchter«, »Kinder Gottes« nennen. Die »Väterlichkeit« Gottes steht für Gottes liebende Zuwendung zu den Menschen und darf daher nicht patriarchalisch ausgelegt werden. Gott zeigt nämlich auch weiblich-mütterliche Eigenschaften (vgl. Jes 66,13), aber letztlich ist Gott weder Mann noch Frau, vielmehr übersteigt er sämtliche geschlechtlichen Kategorien. Das Gebot, sich von Gott kein

Bild zu machen, behält seine Gültigkeit und ist stetige Erinnerung und Mahnung zugleich.

Begriffliche Missverständnisse

Mit diesen Überlegungen freilich ist der theologische Streit mit Juden und Muslimen über das Wesen Jesu Christi und die Trinität noch nicht gelöst. Der zentrale Vorwurf des Judentums wie des Islam gegen die Christen lautet ja, sie hätten Gott ein Geschöpf zur Seite gestellt und den Monotheismus verraten, indem sie den Menschen Jesus vergöttlichen. Dem wäre zu entgegnen, dass Christen genau das Gegenteil glauben: Denn nicht ein Geschöpf wurde von den Menschen zum Gott erhoben, sondern Gottes Wort hat sich auf die Ebene der Menschen begeben. Dennoch müssen sich Christen ihrerseits immer wieder selbstkritisch hinterfragen und prüfen, ob sie mit ihren religiösen Vorstellungen und Praktiken die biblische Botschaft des einen Gottes bisweilen nicht verdunkelt haben.

Die theologische Schwierigkeit besteht darin, dass das christliche Dogma in einer Zeit und Sprache formuliert worden ist, die heutigen Menschen – nicht nur Andersgläubigen, sondern auch den Christen selbst – nur noch schwer zugänglich und verständlich sind. Philosophisch-theologische Fachbegriffe in Bezug auf die Trinität wie »Natur«, »Wesen«, »Person«, ganz zu schweigen von »Hypostasen« (was so viel bedeutet wie »drei Seinsweisen«), »Hauchung«, »Zeugung« usw. führen ohne Erklärung und Übersetzung in die moderne Erfahrungs- und Sprachwelt fast zwangsläufig zu Missverständnissen und theologisch fragwürdigen Vorstellungen.

Die Gefahr des Personbegriffs in Bezug auf die göttliche Trinität liegt darin, dass seine Bedeutung heute im Zuge des modernen Subjektdenkens mit Selbstbewusstsein und Selbstständigkeit verbunden wird und man sich die Trinität dann als drei individuelle, voneinander unabhängige Willens- und Aktzentren, also als drei Subjekte, vorstellt.[56] Dem leistete auch die religiöse Kunst Vorschub, in der die drei Personen oft als drei Figuren dargestellt werden. Einen biblischen Anhaltspunkt dafür bietet die Erzählung von den drei Männern bei den Eichen von Mamre, die von Abraham gastfreundlich aufgenommen werden und ihm Nachkommenschaft verheißen (vgl. Gen 18,1–33). In der christlichen Auslegung werden diese Gäste als die drei göttlichen Personen gedeutet. Berühmt ist hier die Dreifaltigkeitsikone von Andrej Rubljow aus dem 15. Jahrhundert, die dieses Motiv aufgreift. Es kam jedoch auch zu theologisch bedenklichen Darstellungen: 1745 verbot Papst Benedikt XIV. die sogenannte triadische Trinität, bei der drei menschliche Personen nebeneinander sitzen. Über 100 Jahre zuvor, 1628, hatte Papst Urban VIII. bereits einen anderen Darstellungstyp untersagt, das »Dreigesicht« mit nur einem Leib, aber drei Köpfen.

Offenbarungs- und heilstheologische Begründung der Trinitätslehre

Die christliche Theologie muss sowohl in Predigt und Katechese wie auch im Dialog mit Juden und Muslimen klarmachen, dass das Christentum eine monotheistische Religion ist, es sein möchte und bleiben muss, wenn es sich auf Jesus Christus berufen will. In diesem Sinne wäre es heute angemessener, davon zu sprechen, dass sich der eine ursprungslose und transzendente Schöpfer, der Vater, den Menschen in zweifacher Weise zuwendet: zum einen geschichtlich-konkret als der Sohn, als die Selbstmitteilung Gottes im

Trinitätsdarstellung mit drei nebeneinander sitzenden
Personen (14. Jh.): Darstellungen dieser Art wurden 1745 von
Papst Benedikt XIV. verboten.

Wort, und zum anderen transzendental-universal als der Heilige Geist in den Herzen der Menschen. Gott, der Vater, teilt sich in Wahrheit und Liebe mit, in Wort und Geist. Jesus Christus und der Heilige Geist können nach Irenäus von Lyon – wiederum verstanden im metaphorischen Sinn – auch als »die beiden Hände Gottes« betrachtet werden, mit denen er in der Geschichte an und in den Menschen handelt. Jesus Christus und der Heilige Geist sind in diesem Sinne in unüberbietbarer Weise personale »Wirk- oder Daseinsweisen« oder »Erfahrungsorte« (Josef Wohlmuth) des einen heiligen Gottes in der Welt – was nicht mit bloßen »Erscheinungsweisen« zu verwechseln ist. Diese Gegebenheitsweisen Gottes sind nicht geschöpflich – wie zum Beispiel Engel – oder irgendwelche untergeordneten Zwischenwesen, sondern sie sind Gott selbst: Jesus Christus ist der »Gott-mit-uns« (*Immanuel*), der Heilige Geist ist der gegenwärtige »Gott-in-uns«.

In der jüdischen Terminologie würde man von einer »Einwohnung« des göttlichen Wortes, des Logos, im Menschen Jesus von Nazaret sprechen. Diese Einwohnung in Jesus ist in zweifacher Weise einmalig: »Erstens wurde der Mensch Jesus von Gott in einzigartiger Weise zubereitet, damit er den göttlichen Logos ohne Schranken und ohne Überdruss in sich aufnehmen konnte ... Zweitens empfing Jesus allein die Sendung, Gottes letztes, unüberbietbares, unwiderrufliches Wort an die Menschheit zu sein und zugleich in seiner Person die gehorsame Annahme dieses Wortes – bis in die letzte Konsequenz am Kreuz – zu sein.«[57]

Die christliche Theologie und Verkündigung will verständlich machen, dass die Trinitätslehre ein durchaus legitimer, ja theologisch wohl unausweichlicher Versuch war und ist, das Verhältnis zwischen der historischen Person Jesus von Nazaret, Gott, dem Schöpfer, und dem universal wirkenden Geist Gottes, von dem auch Bibel und Koran sprechen, zu klären. Die ersten Christen haben Jesus von Nazaret als den Sohn Gottes, den Messias, den Herrn (*Kyrios*) erkannt und anerkannt und haben ihn mit weiteren Hoheitstiteln angesprochen. Sie spürten, dass Gott selbst in dieser Person, in seinem Leben, in seiner Botschaft und in seinem Handeln ganz und gar gegenwärtig und erfahrbar wurde. Am deutlichsten wird dies am Messias- oder Christustitel (»der Gesalbte«): Gesalbt wurden in der Frühzeit Israels Könige, Priester und Propheten, zur Zeit Jesu dagegen nur noch die Kultgegenstände des Tempels. In allen Fällen aber wurde durch den Vorgang der Salbung die heilige Gegenwart Gottes, die Geistmitteilung, zum Ausdruck gebracht – so wie auch heute noch Christen zu bestimmten Anlässen wie Taufe, Firmung, Priester- und Bischofsweihe oder schwerer Krankheit gesalbt werden und dadurch den Geist Gottes sinnenhaft erfahren.

Die ersten Christen übertrugen nun den Titel »der Gesalbte« auf Jesus. Dadurch brachten sie ihre aus der Begegnung mit Jesus erwachsene Erfahrung und Überzeugung zum Ausdruck, dass Gott in ihm gegenwärtig ist, dass Jesus ganz aus Gott heraus lebt. Er ist in seiner ganzen Existenz, die eine »Pro-Existenz«, eine Existenz für andere, ist, vom Geist Gottes durchdrungen. Nach Jesu Selbsthingabe in Leiden und Sterben, vor allem aber nach seiner Auferstehung erlebten seine Jünger, dass die Gegenwart Gottes und damit auch die Gegenwart Jesu Christi nicht aufhörte. Diese bleibende Gegenwart Gottes und Jesu Christi nannten sie den »Heiligen Geist«. Die christliche Trinitätslehre versucht, diese ursprüngliche Glaubenserfahrung in theologische Begrifflichkeit und Systematik zu bringen: also die Transzendenz Gottes mit seiner Immanenz, das heißt mit seiner Gegenwart in der Welt und im Menschen, zusammenzudenken. Es ist letztlich der Versuch, überhaupt »Offenbarung« zu denken und in Worte zu fassen. Der eigentliche Grund für die Ausbildung der christlichen Trinitätslehre aber ist das mit diesem Offenbarungsverständnis verbundene Heilsverständnis: Gott hat sich in der Person Jesu Christi als der Urheber des Heils selbst erschlossen. Er selbst hat sich in Jesus Christus als Heil angeboten und ausgesagt. Jesus Christus ist also nicht einfach ein geschöpflicher Offenbarungsmittler, der – wie der Erzengel Gabriel oder die Propheten – eine Botschaft von Gott überbringt, sondern er ist Gottes unmittelbare »Selbstoffenbarung«.

Die von der Kirche überlieferte Sprachgestalt muss immer wieder neu in verständliche Sprache übersetzt werden. Ostkirchliche Theologen des Mittelalters, die im Dialog mit Muslimen standen, benutzten zum Beispiel das Bild der Sonne, um den Sinn des christlichen Gottesglaubens deutlich zu machen: Sie verglichen Gott Vater, den Schöpfer, mit der am Himmel stehenden Sonne. Die Sonne hat auf die Menschen zwei erfahrbare Auswirkungen: Licht, das mit Jesus Christus, und Wärme, die mit dem Heiligen Geist verglichen werden könnte. Beide Wirkweisen sind voneinander und von der Quelle zu unterscheiden, und doch sind sie nichts anderes als die Quelle selbst. Genau das will die traditionelle christliche Glaubensaussage vom »einen Gott in drei Personen« aussagen.

Judentum und Islam stehen als Offenbarungsreligionen im Grunde vor demselben theologischen Problem, wie ein transzendenter und zugleich sich in Zeit und Raum offenbarender Gott gedacht werden kann. Zwar haben sie daraus nicht dieselben Schlussfolgerungen wie das Christentum gezogen, aber doch ähnliche Ansätze entwickelt. So ist es geradezu islamisches Dogma, dass der Koran als Wort Gottes präexistent ist, also seit jeher bei Gott existiert. Außerdem gilt im sunnitischen Islam die Überzeugung, dass der Koran seinem Inhalt nach zwar ungeschaffen, seiner konkreten irdischen Form nach jedoch geschaffen ist – hier könnte man eine Analogie zur christologischen Zwei-Naturen-Lehre entdecken, wonach Jesus Christus ganz Mensch und zugleich von göttlicher Natur gewesen ist. In ähnlicher Weise gibt es im orthodoxen Judentum die Vorstellung von der Präexistenz der Tora. Der Unterschied freilich ist: Während in Judentum und Islam ein Schrift gewordenes Wort Gottes (Tora bzw. Koran) im Zentrum des Offenbarungs- und Heilsgeschehens steht, ist es im Christentum eine Person, von der die Schrift Zeugnis gibt.

In jeder Offenbarungsreligion aber geht es um dieselben Grundfragen: Wie kann angemessen von einer Offenbarung des transzendenten Gottes in Geschichte und Zeit gesprochen werden? Wie kann der Mensch als endliches Geschöpf eine göttliche Offenbarung empfangen und verstehen? Die christliche Überzeugung ist, dass dies nur möglich ist, wenn sich Gott selbst auf die Ebene des Menschen begibt, ohne dabei im Geschöpflichen aufzugehen. Nach christlichem Bekenntnis geschah dies in der Menschwerdung des göttlichen Wortes. Göttliche und menschliche Natur aber sind in der Person Christi »ungetrennt und unvermischt« zugleich. Wichtig ist, dass Juden und Muslime zugestehen und akzeptieren, dass Christen sich als Monotheisten verstehen, wenn auch der christliche Monotheismus trinitarisch ist. Das monotheistische Bekenntnis verbindet Christen mit Juden und Muslimen, das trinitarische Bekenntnis der Christen unterscheidet sie voneinander. Ziel des trinitarischen Bekenntnisses ist »nicht eine Lehre *über* Gott, sondern die Verherrlichung Gottes«[58]. Letztlich ist dieses Bekenntnis eine Auslegung der Erkenntnis: »Gott ist Liebe« (1 Joh 4,8.16b).

Von Gott reden angesichts des Leids:
Die Gotteskrise der Moderne und die
Theodizee-Frage

Nicht nur die moderne Religionskritik, sondern auch die Schwierigkeit für jeden Gläubigen, angesichts von Auschwitz noch angemessen von Gott reden zu können, stellen für die in Bibel und kirchlicher Tradition überlieferte Gottesrede eine große Herausforderung, ja eine Krise dar. Eine Antwort auf diese Krise ist die Rede vom (mit-)leidenden Gott. Gott wird in diesem Denken nicht mehr als systematisch fassbares höchstes, allmächtiges und transzendentes Wesen verstanden, sondern selbst als ohnmächtig und leidend erfahren. In seinen Gefangenschaftsbriefen schreibt Dietrich Bonhoeffer: »Vor und mit Gott leben wir ohne Gott. Gott lässt sich aus der Welt herausdrängen ans Kreuz, Gott ist ohnmächtig und schwach in der Welt und gerade so ist er bei uns und hilft uns.«[59] Und der evangelische Theologe Jürgen Moltmann formuliert: »Es gibt kein Leiden, das in dieser Geschichte Gottes nicht Gottes Leiden, es gibt keinen Tod, der nicht in der Geschichte auf Golgatha Gottes Tod geworden wäre.«[60] Derartige Bekenntnisse verstören zunächst vielleicht nur Muslime. Denn aufgrund der biblisch-christlichen Glaubensüberlieferung scheint diese »Kreuzestheologie« von der Christologie wie selbstverständlich vorgegeben (vgl. Phil 2,6–8).

Doch der vom griechisch-philosophischen Gottesbegriff geprägten altkirchlichen und mittelalterlichen Theologie erschien angesichts des ewigen, vollkommenen und unveränderlichen Wesens Gottes die Rede vom Leiden Gottes geradezu als Blasphemie, sodass sie nur in Bezug auf die menschliche Natur Christi vom Leiden und Sterben sprach. So wurden die Unveränderlichkeit und damit auch die Leidensunfähigkeit (Apathie) Gottes zum unumstößlichen Grundsatz. Tatsächlich muss theologisch klar differenziert werden: »Jesus ist nicht einfach Gott im Allgemeinen, sondern der Sohn; die zweite göttliche Person, der Logos, ist Mensch, er und nur er.«[61] Insofern hat der menschgewordene Logos gelitten, nicht aber »Gott im Allgemeinen«.

Ohne Zweifel gibt es im biblischen Zeugnis Aussagen in Bezug auf Gott, die Affekte implizieren, zum Beispiel: »Gott zürnte« oder »Gott bereute«. Auch das Mitleiden Gottes ist explizit zu finden (vgl. Ps 110,4). Doch sind dies anthropomorphe Aussagen, die wiederum in ihrer Analogizität und Metaphorik interpretiert werden müssen. Andernfalls ergäbe die Rede vom leidenden Gott einen theologischen Selbstwiderspruch: Ein Gott, von dem man Erlösung erhofft, kann nicht im selben Sinne wie der Mensch dem Leiden, der Passivität, der Ohnmacht unterworfen sein. Die Annahme vom (Mit-)Leiden Gottes löst das so bezeichnete Theodizee-Problem nicht wirklich. Zwar mag es dem einen oder anderen Trost spenden, zu wissen, dass Gott mit ihm leidet, doch anderen wiederum ist es wahrlich keine Hilfe und sie fragen zu Recht, warum Gott nicht vielmehr das Leid beendet, wenn er es denn könnte. Karl Rahner drückt dies so aus: »Um – einmal primitiv gesagt – aus meinem Dreck und Schlamassel und meiner Verzweiflung herauszukommen, nützt es mir doch nichts, wenn es Gott – um es einmal grob zu sagen – genauso dreckig geht.«[62] Auch die Frage nach dem Grund und Sinn des eigenen (wie auch des göttlichen) Leidens erhält durch das Mitleiden Gottes keine befriedigende Antwort. Das »Leid darf nicht in einer Weise in Gott hineingenommen sein, dass es nun nicht mehr in seiner klagendanklagenden Fraglichkeit vor Gott stünde«[63].

Dennoch bleibt zu bedenken, dass sich jede philosophische Rede von Gott, die vom unveränderlichen, absoluten, transzendenten Wesen Gottes spricht, dem biblischen Zeugnis stellen muss. Demnach ist der Gott Israels der nahe, mitgehende, mit seinen Geschöpfen fühlende und mitleidende Gott, ja ein Gott, der sich gar so auf die Welt einlässt, dass er sich auf die Ebene des Menschen begibt: »Wenn wir die Tatsache der Menschwerdung, die uns der Glaube an das Grunddogma der Christenheit bezeugt, unbefangen und klaren Auges anblicken, dann werden wir schlicht sagen müssen: Gott kann etwas werden. Der an sich selbst Unveränderliche kann ›selber am anderen‹ veränderlich sein.«[64] Dasselbe gilt dann auch für den Tod: Gott ist »am anderen«, nämlich an Jesus Christus, gestorben.[65] Ein absoluter, losgelöster, sich heraushaltender, beziehungsloser, teilnahmsloser Gott ist nicht der Gott der Bibel.

4. Beten Juden, Christen und Muslime zum gleichen Gott? – Christliche Antworten

Das Verhältnis zwischen Christen und Juden

Schon früh gab es in der Kirche Tendenzen, das Alte Testament und damit auch den Gott Israels in Gegensatz zum Gott Jesu Christi und des Neuen Testaments zu stellen. Solche Tendenzen wurden von der Kirche aus gutem Grund verurteilt und zurückgewiesen. Dennoch war es in der christlichen Theologie und Verkündigung über Jahrhunderte hinweg üblich, den alttestamentlichen und damit auch den jüdischen Gott als gewalttätig, strafend und rachsüchtig darzustellen und ihm den liebenden, barmherzigen Gott des Christentums gegenüberzustellen – ein Kennzeichen des christlichen Antijudaismus, der zur Irrlehre von der Ersetzung des »Alten Bundes« durch den »Neuen Bund« führte. Schalom Ben-Chorin schreibt dazu: »Hätten Christen erkannt, wie tief ihre eigene Anbetung Gottes mit der des Judentums verbunden ist, so wäre nicht jene Fremdheit aufgekommen, die zum Nährboden des Hasses und der Verfolgung wurde.«[66] In der Tat ist es eine heute kaum mehr nachvollziehbare Geschichte der Entfremdung, die das Verhältnis von Judentum und Christentum über nahezu zwei Jahrtausende prägte. Diese Entfremdung kann nur vor dem Hintergrund der Ablösung des frühen Christentums von seinen jüdischen Wurzeln geschichtlich und psychologisch erklärt werden, aus theologischer und moralischer Sicht aber kann sie nicht gerechtfertigt werden. Denn ein Christentum, das sich von seiner Wurzel abschneidet, trocknet geistlich aus und disqualifiziert sich moralisch.

Erst nach der Katastrophe der Schoah haben die christlichen Kirchen ihre Verantwortung ernst genommen, ihre Mitschuld am Antisemitismus eingestanden und eine radikale Umkehr hin zu den jüdischen Schwestern und Brüdern vollzogen. So formulieren die »Seelisberger Thesen« aus dem Jahr 1947, die aus einer Konferenz von Juden und Christen hervorgingen, in These 1, dass »ein und derselbe Gott durch das Alte und das Neue Testament zu uns allen spricht«. Das Zweite Vatikanische Konzil hat die einzigartige Beziehung der Kirche zum Volk Israel deutlich formuliert:

> »Diejenigen endlich, die das Evangelium noch nicht empfangen haben, sind auf das Gottesvolk auf verschiedene Weise hingeordnet. In erster Linie jenes Volk, dem der Bund und die Verheißung gegeben worden sind und aus dem Christus dem Fleische nach geboren ist, dieses seiner Erwählung nach um der Väter willen so teure Volk: Die Gaben und Berufung Gottes nämlich sind ohne Reue.«
>
> *Dogmatische Konstitution über die Kirche*
> *»Lumen gentium«, 16*

Damit erkennt die katholische Kirche an, dass das Volk Israel nach wie vor im Bund mit Gott steht, weder verstoßen noch ersetzt worden ist durch die Kirche, wie dies jahrhundertelang in Theologie, Predigt und Katechese behauptet worden ist. Noch deutlicher als in dem zitierten Satz wird diese Wahrheit in der Konzilserklärung »Nostra aetate« dargelegt:

> »Bei ihrer Besinnung auf das Geheimnis der Kirche gedenkt die Heilige Synode des Bandes, wodurch das Volk des Neuen Bundes mit dem Stamme Abrahams geistlich verbunden ist.

So anerkennt die Kirche Christi, dass nach dem Heilsgeheimnis Gottes die Anfänge ihres Glaubens und ihrer Erwählung sich schon bei den Patriarchen, bei Moses und den Propheten finden. Sie bekennt, dass alle Christgläubigen als Söhne Abrahams dem Glauben nach in der Berufung dieses Patriarchen eingeschlossen sind und dass in dem Auszug des erwählten Volkes aus dem Lande der Knechtschaft das Heil der Kirche geheimnisvoll vorgebildet ist.

Deshalb kann die Kirche auch nicht vergessen, dass sie durch jenes Volk, mit dem Gott aus unsagbarem Erbarmen den Alten Bund geschlossen hat, die Offenbarung des Alten Testamentes empfing und genährt wird von der Wurzel des guten Ölbaums, in den die Heiden als wilde Schösslinge eingepfropft sind. Denn die Kirche glaubt, dass Christus, unser Friede, Juden und Heiden durch das Kreuz versöhnt und beide in sich vereinigt hat. Die Kirche hat auch stets die Worte des Apostels Paulus vor Augen, der von seinen Stammverwandten sagt, dass ›ihnen die Annahme an Sohnes statt und die Herrlichkeit, der Bund und das Gesetz, der Gottesdienst und die Verheißungen gehören wie auch die Väter und dass aus ihnen Christus dem Fleische nach stammt‹ (Röm 9,4–5), der Sohn der Jungfrau Maria.

Auch hält sie sich gegenwärtig, dass aus dem jüdischen Volk die Apostel stammen, die Grundfesten und Säulen der Kirche, sowie die meisten jener ersten Jünger, die das Evangelium Christi der Welt verkündet haben. Wie die Schrift bezeugt, hat Jerusalem die Zeit seiner Heimsuchung nicht erkannt, und ein großer Teil der Juden hat das Evangelium nicht angenommen, ja nicht wenige haben sich seiner Ausbreitung widersetzt. Nichtsdestoweniger sind die Juden nach dem Zeugnis der Apostel immer noch von Gott geliebt um der Väter willen; sind doch seine Gnadengaben und seine Berufung unwiderruflich. Mit den Propheten und mit demselben

Apostel erwartet die Kirche den Tag, der nur Gott bekannt
ist, an dem alle Völker mit einer Stimme den Herrn anrufen
und ihm ›Schulter an Schulter dienen‹ (Weish 3,9).«

Erklärung über das Verhältnis der Kirche
zu den nichtchristlichen Religionen »Nostra aetate«, 4

Papst Johannes Paul II. hat von den Juden als unseren »bevorzugten« und »älteren Brüdern« ebenso gesprochen wie vom »niemals gekündigten Bund« Gottes mit dem Volk Israel. In der Konsultation »Kirche und Jüdisches Volk« des Ökumenischen Rates der Kirchen aus dem Jahr 1988 heißt es: »Wir glauben, dass Gott der Gott aller Menschen ist, doch hat Gott Israel dazu erwählt, ein Segen für alle Geschlechter auf Erden (Gen 12,3) und Licht der Heiden (Jes 42,6) zu sein. Gottes Liebe für die ganze Menschheit zeigt sich an Gottes Liebe für das jüdische Volk, die in Jesus Christus Bestätigung findet.«

Die Lutherische Europäische Kommission »Kirche und Judentum« bekennt in der »Erklärung zum jüdisch-christlichen Dialog« aus dem Jahr 1999: »Als lutherische TheologInnen bezeugen wir im Dialog mit den Juden, dass der Bund, den Gott mit seinem auserwählten Volk Israel geschlossen hat, feststeht bis zum heutigen Tag. Die Bibel sagt, dass dieser Bund auf ewig geschlossen ist. Deshalb steht das Judentum in einer besonderen Verbindung zu seinem Gott, den auch wir als unseren Gott bekennen.«

Die Studie »Kirche und Israel« der in der Leuenberger Kirchengemeinschaft zusammengeschlossenen reformatorischen Kirchen in Europa aus dem Jahr 2001 formuliert unmissverständlich: »Der dreieine Gott, von dem das christliche Bekenntnis spricht, ist kein anderer als der, zu dem Israel betet.«[67]

Die christliche Theologie betont heute das Verbindende und Gemeinsame: den gemeinsamen Glauben an den einen und einzigen Gott, der mit Noah, Abraham und Mose einen Bund geschlossen und sich den Propheten geoffenbart hat; die Hebräische Bibel als gemeinsame Urkunde der Selbstkundgebung Gottes und seiner Heilstaten in, an und durch Israel; den gemeinsamen Glauben an den universalen Heilswillen Gottes, den barmherzigen und allmächtigen Vater; das gemeinsame Ethos in Form der Zehn Gebote; die gemeinsame Hoffnung auf das Kommen des Reiches Gottes; Jesus als einen Sohn Israels.

Freilich gibt es auch Trennendes zwischen christlichem und jüdischem Glauben, nämlich die Antworten auf die Frage: Ist Jesus tatsächlich der Messias Israels? Ist also in ihm der Gott Israels in einzigartiger Weise seinem Volk nahegekommen und das Reich Gottes bereits angebrochen? Die Leiden des jüdischen Volkes in der Geschichte – auch und gerade durch Christen im Namen des Kreuzes Jesu Christi verschuldet – machen es den meisten Juden unmöglich, diesen Anspruch anzuerkennen. Und Christen müssen zugestehen, dass mit Jesu Kommen noch keineswegs alle Verheißungen erfüllt sind, dass das endgültige Heil noch aussteht. So erwarten Juden nach wie vor den Messias, so wie Christen auf das Wiederkommen Jesu Christi warten, damit Gottes Herrschaft vollendet wird. Christen und Juden bilden so eine »messianische Weggemeinschaft« (Erich Zenger). Das Christentum braucht das permanente Zeugnis des Gottesglaubens des Judentums, um dem Glauben an den einen Gott treu zu bleiben.

Aus christlicher Sicht jedenfalls ist es eine unumstößliche Glaubensüberzeugung, dass Juden und Christen zum selben Gott beten: Der Gott des Alten Testaments und des Judentums ist der Gott Jesu Christi, des Neuen Testaments und des

Christentums. Der Theologe und Alttestamentler Erich Zenger führt dazu aus: »Wenn es eine ›Mitte‹ des Ersten und des Zweiten Testaments gibt, dann ist es der in immer neuen ›Lebenskontexten‹ sich als rettender und richtender Gott erweisende JHWH.«[68] Gleichzeitig ist wahr, dass sich das christliche Gottesverständnis in seiner trinitarischen Form vom jüdischen Monotheismus unterscheidet. Diese beiden Aussagen stehen in einer Spannung zueinander, die nicht aufzuheben ist und deshalb ausgehalten werden muss. Dieselbe Spannung aber begegnet uns im christlich-islamischen Verhältnis.

Das Verhältnis zwischen Christen und Muslimen

Das Verhältnis zwischen Christen und Muslimen war von Anfang an durch Konkurrenz, wechselseitige Fehlwahrnehmungen und Polemik belastet. Jahrhundertelang konnte die christliche Theologie im Islam nichts anderes sehen als eine christliche Irrlehre oder gar götzendienerische Religion. Muslimen wurde wahrer Gottesglaube und damit jegliche Heilsmöglichkeit abgesprochen (*Exklusivismus*). Mit dem Zweiten Vatikanischen Konzil aber hat eine Art »kopernikanische Wende« hinsichtlich der Verhältnisbestimmung der katholischen Kirche zu den nichtchristlichen Religionen stattgefunden. Erstmals hat ein Konzil explizit zum Glauben der Muslime – und damit implizit zum Islam als Religion – Stellung bezogen und dies in einer im Vergleich zur bisherigen Geschichte der christlichen Äußerungen über den Islam äußerst positiven Weise. So heißt es in der bereits zum Judentum zitierten Kirchenkonstitution weiter:

> »*Der Heilswille umfasst aber auch die, welche den Schöpfer anerkennen, unter ihnen besonders die Muslime, die sich*

zum Glauben Abrahams bekennen und mit uns den einen Gott anbeten, den barmherzigen, der die Menschen am Jüngsten Tag richten wird.«

Dogmatische Konstitution über die Kirche
»Lumen gentium«, 16

Die theologische Perspektive, von der aus die Konzilsväter den Glauben der Muslime betrachten, ist betont *theozentrisch*: Der monotheistische Glaube an den einen, barmherzigen Gott, der Schöpfer und Richter ist, stellt die Muslime in den Raum des Heilswillens Gottes. Im lateinischen Originaltext ist es das Wort *nobiscum* (»mit uns«), das die entscheidende theologische Aussage impliziert. Mit diesem einen Wort sagt das Konzil, dass Christen und Muslime (natürlich zusammen mit den Juden) zu *ein und demselben Gott* beten. Für die katholische Lehre allerdings bleibt die Überzeugung bestimmend, dass der eine Gott durch seinen Sohn Jesus Christus im Heiligen Geist das Heil der Menschen bewirkt. Es gibt nach katholischem Verständnis also kein Nebeneinander von gleichwertigen Heilswegen (*Pluralismus*), vielmehr werden die Menschen außerhalb der sichtbaren Kirche in die Heilsordnung des dreieinigen Gottes einbezogen (*Inklusivismus*).

Ausführlicher als diese grundsätzliche Aussage von »Lumen gentium« geht die Erklärung »Nostra aetate« auf den Glauben der Muslime ein, wobei hier, wie es eingangs heißt, das Augenmerk auf das gelegt wurde, »was den Menschen gemeinsam ist und sie zur Gemeinschaft untereinander führt« (Art. 1):

»Mit Hochachtung betrachtet die Kirche auch die Muslime, die den alleinigen Gott anbeten, den lebendigen und in sich seienden, barmherzigen und allmächtigen, den Schöpfer des

115

Himmels und der Erde, der zu den Menschen gesprochen hat.
Sie mühen sich, auch seinen verborgenen Ratschlüssen sich
mit ganzer Seele zu unterwerfen, so wie Abraham sich Gott
unterworfen hat, auf den der islamische Glaube sich gerne
beruft. Jesus, den sie allerdings nicht als Gott anerkennen,
verehren sie doch als Propheten, und sie ehren seine jung-
fräuliche Mutter Maria, die sie bisweilen auch in Frömmig-
keit anrufen. Überdies erwarten sie den Tag des Gerichtes, an
dem Gott alle Menschen auferweckt und ihnen vergilt. Des-
halb legen sie Wert auf sittliche Lebenshaltung und verehren
Gott besonders durch Gebet, Almosen und Fasten.«

Erklärung über das Verhältnis der Kirche zu den nicht-
christlichen Religionen »Nostra aetate«, 3

Mit »Hochachtung« betrachtet die Kirche die Muslime –
eine Formulierung und Haltung, die im Gegensatz zu frühe-
ren herabsetzenden Aussagen eine positive Einschätzung des
Islam sowie einen wirklichen Dialog zwischen gleichwertigen Partnern erst ermöglicht hat. Gemäß dem islamischen
Selbstverständnis wird das monotheistische Bekenntnis der
Muslime an den Anfang und damit ins Zentrum gestellt, wobei Attribute Gottes genannt werden, die dem christlichen
und dem islamischen Glauben gemeinsam sind: Die Muslime beten den alleinigen Gott an, »den lebendigen und in
sich seienden, barmherzigen und allmächtigen, den Schöpfer des Himmels und der Erde« (vgl. Koran 2,255). Das Kon-
zilsdokument verweist an dieser Stelle in einer Fußnote auf
einen Brief Papst Gregors VII. an den muslimischen Herrscher an-Nasīr aus dem Jahr 1076, in dem der Papst betont,
dass Christen und Muslime den einen Gott bekennen, wenn
auch auf verschiedene Weise (»diverso modo«).

Neben dem Glauben an den allmächtigen und barmherzigen Schöpfergott bemühen sich die Muslime, sich seinen

verborgenen Ratschlüssen mit »ganzer Seele zu unterwerfen, so wie Abraham sich Gott unterworfen hat, auf den der islamische Glaube sich gerne beruft«. Diese Formulierung beschreibt die Bedeutung von *Islām,* nämlich »Hingabe«, sowie das islamische Selbstverständnis exakt. Des Weiteren sehen die Konzilsväter Gemeinsamkeiten im Glauben an die Auferweckung der Toten, das Jüngste Gericht und die Vergeltung der Taten.

Der *entscheidende Unterschied* zwischen Christentum und Islam wird lediglich in einem Nebensatz angesprochen: Die Muslime verehren Jesus als Propheten, aber »nicht als Gott«, das heißt, nicht als »Sohn Gottes« oder als fleischgewordenes Wort Gottes. Dass der Koran die christliche Trinitätslehre – oder das, was er darunter versteht – explizit ablehnt, wird nicht problematisiert.

Schließlich wird das muslimische Bemühen um eine »sittliche Lebenshaltung« sowie die religiöse Praxis des Gebets, des Almosengebens und des Fastens gewürdigt. Dies sind wiederum zentrale Merkmale des islamischen Glaubens, die ihn mit der christlichen Glaubenspraxis verbinden: So stellt auch Jesus in der Bergpredigt Gebet, Almosen und Fasten in einen inneren Zusammenhang (vgl. Mt 6,1–18). Die Vorstellung eines moralischen Lebens ist also in beiden Religionen unmittelbar mit der Anbetung Gottes verbunden.

Papst Johannes Paul II. hat diese Konzilsaussagen immer wieder zitiert und sogar vertieft. So begrüßte er die muslimischen Teilnehmer bei der Eröffnung eines katholisch-muslimischen Symposions in Rom 1985 über »Heiligkeit in Christentum und Islam« mit den Worten: »Euer und unser Gott ist ein und derselbe und wir sind Brüder und Schwestern im Glauben Abrahams.« In einer Ansprache vor Repräsentanten der Muslime in Belgien 1985 formulierte er:

> *»Als Christen und Muslime begegnen wir einander im Glauben an den einen Gott, unseren Schöpfer und Führer, unseren gerechten und barmherzigen Richter. In unserem täglichen Leben streben wir danach, Gottes Willen entsprechend den Aussagen unserer jeweiligen Heiligen Schriften zu erfüllen. Wir glauben, dass Gott unsere Vorstellungen und unsere Welt übersteigt und dass seine liebende Gegenwart uns jeden Tag hindurch begleitet. Im Gebet stellen wir uns selbst in die Gegenwart Gottes, um ihn anzubeten und ihm dankzusagen, um ihn um Vergebung unserer Schuld zu bitten und um seine Hilfe und seinen Segen zu erbitten.«*[69]

> *Papst Johannes Paul II.*

Auch von anderen christlichen Kirchen gibt es bedeutsame Aussagen zur Frage nach dem Gott des Islam. So formuliert die gemeinsame Schlusserklärung eines Treffens zwischen offiziellen Vertretern des Ökumenischen Rates der Kirchen und Muslimen 1969 in der Schweiz: »Judentum, Christentum und Islam gehören nicht nur geschichtlich zusammen, sie sprechen von demselben Gott, dem Schöpfer, Offenbarer und Richter. Diesem Faktum muss im Dialog Rechnung getragen werden, indem man dasselbe Wort für Gott benutzt.«[70]

Die Handreichung der Evangelischen Kirche in Deutschland (EKD) »Zusammenleben mit Muslimen in Deutschland« aus dem Jahr 2000 macht Aussagen, die an die des Zweiten Vatikanischen Konzils erinnern: »Wir begegnen auch im Islam wie in anderen Religionen Menschen, die schon in Gottes Hand sind. Das macht uns bescheiden und froh und führt zum Respekt gegenüber den anderen Religionen. Im Licht des uns in der Bibel bezeugten Gottes können wir auch dort Spuren seiner Wahrheit und Wirklichkeit entdecken« (29). Und weiter heißt es: »Ist es aber der Gott der

Gnade und des Erbarmens, den unsere und ihre Gebete erreichen, dann wenden sich alle Betenden – darauf vertrauen wir Christen – im Grunde und in Wahrheit an denselben einen Gott, den dreieinen, der sich der verlorenen Welt zuwendet und das Zertrennte und Zerstrittene versöhnen will. Das gilt, wie bewusst oder verborgen das den Betenden auch sein mag. Darum glauben wir, dass Gebete von Muslimen ebenso wie die von uns Christen vom dreieinen Gott erhört werden, der uns in Jesus Christus mit sich versöhnt hat und sich im Heiligen Geist vermittelt« (45).

Eine neuere Handreichung der EKD aus dem Jahr 2006 mit dem Titel »Klarheit und gute Nachbarschaft« dagegen scheint diese offenen Aussagen wieder zurücknehmen zu wollen, wenn es dort heißt: »Die Feststellung des ›Glaubens an den einen Gott‹ trägt nicht sehr weit ... Ihr Herz werden Christen schwerlich an einen Gott hängen können, wie ihn der Koran beschreibt und wie ihn Muslime verehren« (18f).

Noch negativer formulieren es evangelikale und pfingstlerische Gemeinschaften, die in der Regel eine exklusivistische Position gegenüber dem Islam wie auch anderen Religionen einnehmen, indem sie diesen jeglichen Wahrheits- und Heilswert absprechen. Während also die katholische Kirche die Frage, ob Muslime und Christen zum selben Gott beten, durch lehramtliche Aussagen klar und verbindlich mit Ja beantwortet hat, gibt es innerhalb des reformatorischen Christentums dazu keine einheitliche Position. Christen, die bezweifeln oder gar leugnen, dass Muslime in einer Heil schaffenden Beziehung zu dem einen und wahren Gott stehen können, müssen sich fragen lassen, wie sie dies mit der biblischen Überzeugung vom universalen Heilswillen Gottes in Einklang bringen können. Wenden wir uns im Folgenden dem Glauben der Muslime zu.

*»Es gibt
keinen Gott
außer Gott!«*

III.
Das Gottesverständnis
im Islam

1. Anbetung Gottes im islamischen Gebet

Das Pflichtgebet

Die alte christliche Formel *Lex orandi, lex credendi* gilt auch im Hinblick auf den Islam: Im Gebet, besonders im täglichen Ritualgebet, kommt der muslimische Gottesglaube am dichtesten und authentischsten zum Ausdruck. Das islamische Pflichtgebet (*salāt*) konserviert, wie die christliche Liturgie, auf verlässliche Weise die ursprüngliche Glaubenserfahrung und ist damit zugleich die unhintergehbare Wurzel stets neuer Glaubenserfahrungen, von Generation zu Generation. Das Gebet stellt den Kern und die Quintessenz des muslimischen Glaubenslebens dar – ein Muslim ohne regelmäßiges Gebet würde seinem Namen nicht gerecht, ist er doch im wörtlichen Sinn ein »sich Gott Hingebender«.

Die Aufforderung zum Gebet kommt von Gott selbst in der Offenbarung des Korans[71]: »So diene mir und verrichte das Gebet, um meiner zu gedenken« (Koran 20,14). Ja, der Mensch ist dazu erschaffen, Gott zu dienen: »Ich habe die Dschinn [Geister] und die Menschen nur dazu erschaffen, dass sie mir dienen« (Koran 51,56). Dieser Gottesdienst ist im Wesentlichen das Gebet. Und Gebet ist »Gedenken« oder »Erinnerung« (*dhīkr*). Das Gebet ist nach islamischer Überzeugung die gedenkende Antwort des gläubigen Geschöpfes auf Gottes Anrede in der Offenbarung und somit die Hinwendung, die Umkehr zu Gott. Diese Hinwendung zum Schöpfer bedeutet Wohlergehen, Heil: »Gut ergeht es dem, der sich läutert, der des Namens seines Herrn gedenkt und betet« (Koran 87,15). Das Gebet hat sündentilgende Wirkung und das ständige Unterlassen des Betens kommt dem

Unglauben gleich, weil wahrer Glaube in der Praxis geschieht. Deshalb sollen der Alltag und das ganze Leben des
Gläubigen von Gebet und Gottgedenken geprägt und durch-
zogen sein:

> »*Wenn ihr dann das Gebet beendet habt, dann gedenkt Got-
> tes im Stehen, Sitzen und auf der Seite liegend! Wenn ihr
> dann Ruhe habt, dann verrichtet das Gebet! Das Gebet ist für
> die Gläubigen eine nach Zeiten geordnete Vorschrift.*«

Koran 4,103

Die fünf Pflichtgebete pro Tag sollen innerhalb bestimmter
Zeiten verrichtet werden: (1) das Morgengebet zwischen Beginn der Morgendämmerung und Sonnenaufgang, (2) das
Mittagsgebet zwischen dem Höchststand der Sonne und
dem Beginn des Nachmittagsgebets, (3) das Nachmittagsgebet ab dem Zeitpunkt, an dem der Schatten eines Gegenstan-
des so lang ist wie dieser selbst, bis zum Sonnenuntergang,
(4) das Abendgebet zwischen Sonnenuntergang und dem
Ende der Dämmerung und schließlich (5) das Nachtgebet
zwischen Ende der Dämmerung und dem Morgengebet. Die
Gebetszeiten sind also abhängig vom jeweiligen Sonnen-
stand und verschieben sich daher täglich um einige Minu-
ten. Wie in Judentum und Christentum strukturiert das Gebet den gesamten Tagesablauf eines gläubigen Muslim. So
wird der Alltag, das ganze Leben zum Gottesdienst und zum
Gottesgedenken. Vorbild dafür ist der Prophet Muhammad:
Ihn gilt es nachzuahmen (vgl. Koran 33,21).

Das rituelle Gebet ist eine individuelle Pflicht jedes Muslim ab der Pubertät, zugleich aber ist es ein zutiefst gemein-
schaftliches Geschehen, das die Zusammengehörigkeit unter
den Muslimen weltweit zum Ausdruck bringt und die Soli-
darität untereinander stärkt. Die islamische Glaubensge-

meinschaft (*Umma*) konstituiert sich geradezu durch das gemeinsame Gebet. Muslime dürfen das rituelle Gebet zwar prinzipiell auch alleine vollziehen, das Beten in der Gemeinschaft jedoch, angeführt vom Vorbeter (*Imam*), zählt nach Aussagen der Prophetentradition um ein Vielfaches mehr. Zumindest das Freitagsgebet sollte, wenn möglich, in der Gemeinschaft stattfinden. Dennoch werden die meisten Gebete des Ritualgebets, im Gegensatz zum jüdischen und christlichen Gottesdienst, individuell gesprochen.

Vorbereitung auf den Gottesdienst: Gebetsruf und Waschungen

Mit folgendem Ruf fordert der Muezzin vom Minarett aus oder auch innerhalb der Moschee die Gläubigen eines Viertels zum gemeinschaftlichen Gebet auf:

>»*Gott ist der Allergrößte, Gott ist der Allergrößte. (2x)*
>*Ich bezeuge, dass es keine Gottheit außer Gott gibt. (2x)*
>*Ich bezeuge, dass Muhammad der Gesandte Gottes ist. (2x)*
>*Kommt her zum Gebet. (2x)*
>*Kommt her zum Heil. (2x)*
>*(beim Ruf zum Morgengebet wird hier noch eingefügt:*
>*Gebet ist besser als Schlaf.)*
>*Gott ist der Allergrößte, Gott ist der Allergrößte.*
>*Es gibt keine Gottheit außer Gott!*«

Der Gebetsruf beginnt mit dem vierfachen *Takbīr*, einer der häufigsten islamischen Gebetsformeln, die auch die verschiedenen Teile des Ritualgebets voneinander abgrenzt: *Allāhu akbar!* – »Gott ist der Allergrößte!« (vgl. Koran 17,111; Ps 40,17; 70,5). Damit ist gemeint, was die christliche Theologie mit der lateinischen Formel *Deus semper major* ausdrückt: Gott ist derjenige, über den hinaus nichts Größeres gedacht werden kann (Anselm von Canterbury), es gibt keine Macht, die Gott vergleichbar wäre.

Dem Takbīr schließt sich die zweimalige Rezitation des Glaubensbekenntnisses (*schahāda*) an, das mit den Worten »Ich bezeuge« eingeleitet wird. Es handelt sich also um eine feste Überzeugung, um eine Gewissheit, die hiermit kundgetan wird. Der erste Teil des Glaubensbekenntnisses enthält das monotheistische Bekenntnis: »Es gibt keine Gottheit außer Gott« (vgl. Koran 27,26; 28,88). Das Bekenntnis beginnt also mit einer Verneinung: Die Existenz anderer Gottheiten neben dem einen Gott wird geleugnet und zurückgewiesen. Die formale wie inhaltliche Nähe zum jüdischen Glaubensbekenntnis, dem *Sch'ma Jisrael,* sowie dem ersten Gebot des Dekalogs ist offensichtlich (vgl. auch 1 Kor 8,4).

Der zweite Teil des Glaubensbekenntnisses ist spezifisch islamisch und verweist auf die besondere Rolle des Propheten Muhammad im Offenbarungsgeschehen: Gott bediente sich seiner, um seine abschließende Offenbarung der Menschheit in Form des Korans mitzuteilen. Obwohl Muslime stets großen Wert darauf legen, dass Gott niemand zur Seite gestellt werden darf und Muhammad selbst nur ein Mensch war, wird er in der religiösen Praxis vieler Muslime doch nicht selten in eine bedenkliche Nähe zu Gott gerückt. Zwar wird Muhammad nicht angebetet, doch sein Name kommt in Bekenntnis und Gebet vor und nicht selten wird er in der Volksfrömmigkeit sogar als Gottes Fürsprecher angerufen. Bereits in koranischen Formeln wird Muhammad gleichsam als Autorität neben Gott gestellt: »Gehorcht Gott und dem Gesandten« (z.B. Koran 3,32), »Ihr, die ihr glaubt, glaubt an Gott und seinen Gesandten« (Koran 4,136).

Bevor der Muslim mit dem Gebet beginnt, muss er rituelle Waschungen vollziehen, um so im Zustand kultischer

Reinheit vor Gott treten zu können (vgl. Koran 5,6). Die äußerliche, körperliche Reinigung symbolisiert dabei die innere, geistig-seelische Reinigung, die Umkehr und die Hinwendung zu Gott. So heißt es in einem *Hadīth*, einer Überlieferung, die auf den Propheten Muhammad zurückgeführt wird:

> *»Wenn der muslimische Diener (oder der Gläubige) sich bei den Waschungen das Gesicht wäscht, entfernt sich von seinem Gesicht mit dem Wasser bzw. mit den letzten Wassertropfen jede Sünde, die er mit den Augen begangen hat. Und wenn er sich die Hände wäscht, entfernt sich von seinen Händen mit dem Wasser bzw. mit den letzten Wassertropfen jede Sünde, die er mit den Händen gewalttätig verübt hat. Und wenn er sich die Füße wäscht, so entfernt sich von seinen Füßen mit dem Wasser bzw. mit den letzten Wassertropfen jede Sünde, zu der er mit seinen Füßen gelaufen ist. So kommt er (aus der Waschung) rein von der Schuld heraus.«*[72]

Gotteszentrierung: Ablauf und Inhalt des Ritualgebets

Das islamische Pflichtgebet ist ein stark leibbetonter und ritualisierter Vollzug. Die vorgeschriebenen Gebetshaltungen bringen den ebenfalls weitgehend festgelegten Inhalt der Gebete leibhaft-symbolisch zum Ausdruck. Auch die Gebetsrichtung (*qibla*) nach Mekka ist von Bedeutung: In Mekka steht das »Haus Gottes«, eine Bezeichnung, die im Islam nur der Kaaba, dem zentralen Heiligtum, zukommt. Sich nach Mekka auszurichten heißt, sich auf Gottes Gegenwart auszurichten. Wie in konzentrischen Kreisen versammelt sich die weltweite muslimische Glaubensgemeinschaft um dieses eine Zentrum, wenn das Ritual- oder Pflichtgebet vollzogen wird. Das Morgengebet besteht aus zwei aufeinanderfolgenden Gebetseinheiten, das Mittags-, Nachmittags- und Nachtgebet aus vier und das Abendgebet aus drei Einheiten. Im Folgenden werden wesentliche, aber nicht alle Teile einer Gebetseinheit wiedergegeben und kurz erläutert. Jedes rituelle Gebet beginnt mit dem Takbīr. Der Betende steht währenddessen und legt seine Hände an die Ohren. Er tritt damit in den Weihezustand ein. Dann folgt ein Lobpreis Gottes, der mit dem Gloria der christlichen Liturgie vergleichbar ist:

>*Preis sei dir, mein Gott, und Lob sei dir*
und gesegnet ist dein Name
und erhaben sei deine Herrschaft!
Es gibt keinen Gott außer dir!
Ich suche Zuflucht bei Gott vor dem gesteinigten Satan.«

Die Schlussformel, die auf Sure 16,98 zurückgeht und in ähnlicher Form auch in den Suren 113 und 114 zu finden ist, nimmt Bezug auf die Vertreibung Satans aus dem Paradies (vgl. Koran 38,77). Der Ritus der symbolischen Steinigung Satans bei der Pilgerfahrt erinnert ebenfalls an diese Stelle. Der Betende stellt sich also im Augenblick des Gebets unter den Schutz Gottes vor den Anfechtungen des Bösen, um nicht abgelenkt zu werden.

Dem folgt das wichtigste und am häufigsten rezitierte islamische Gebet, das von seiner Bedeutung her vergleichbar dem Vaterunser im Christentum ist. Es handelt sich dabei um die erste Sure, im Arabischen *al-Fātiha* (»die Eröffnende«) genannt, weil sie den Koran – einem Prolog gleichend – einleitet:

>*Im Namen Gottes, des Allerbarmenden und Barmherzigen.*
Das Lob gebührt Gott, dem Herrn aller Welt,
dem Allerbarmenden und Barmherzigen,

dem Herrscher am Tag des Gerichts.
Dir dienen wir und dich bitten wir um Hilfe.
Führe uns den geraden Weg,
den Weg derer, denen du Gnade schenkst,
denen nicht gezürnt wird und die nicht irregehen!«

Koran, Sure 1

Der Betende beschließt die Fātiha und andere Gebete mit einem »Amen«, das hier dieselbe bekräftigende Funktion wie im Judentum und Christentum hat.

Rein formal fällt zunächst auf, dass in der ersten Sure – im Gegensatz zu vielen anderen Stellen im Koran – ausnahmsweise nicht Gott redet, sondern der menschliche Beter Gott in Wir-Form anspricht. Zwar gibt es auch an anderen Stellen des Korans Gebete, die jedoch stets mit der Aufforderung »Sprich« eingeleitet werden. Gott fordert den Menschen also auf, so und so zu beten. Die Fātiha lässt sich strukturell in zwei Teile gliedern. Der erste Teil wird mit der *Basmala* eingeleitet, einer Formel, die das barmherzige Wesen und Handeln Gottes unterstreicht. Die Barmherzigkeit Gottes ist die wichtigste und wohl am häufigsten im Koran genannte Eigenschaft Gottes. Die Rezitation dieser Formel ruft nach muslimischer Überzeugung die göttliche Segenskraft auf diese Handlung herab. Der Basmala folgt ein litaneiartiger Lobpreis auf den unumschränkten Herrn der Welt, den barmherzigen Allerbarmer und Richter, wodurch implizit ein Bogen vom Beginn der Schöpfung bis zum Ende der Zeit gespannt wird.

Diesem Hymnus folgt der zweite Teil, der eher ein Bittgebet ist: Der Betende bekennt sich zunächst zu seiner Stellung als Diener Gottes und bittet dann Gott um Hilfe. Gott hat den Menschen in der Offenbarung den Weg zum Leben und zum Heil gewiesen, doch der Mensch bedarf der helfenden Führung, um diesen Weg auch gehen zu können. Die, die irregehen und deshalb den Zorn Gottes erfahren werden, sind nicht von Gott dazu verdammt, sondern sie lehnen die helfende Gnade Gottes aus Hochmut ab. Gott zwingt die Menschen nicht – weder zum Heil noch zum Unheil. Das Zwei-Wege-Schema kennen auch die jüdische und christliche Tradition (vgl. Ps 1; 119; Mt 7,13f). Und auch das Vaterunser besteht aus einem Hymnus und einen Bittteil.

Die Fātiha bildet nicht nur das Herz des Ritualgebets, sie enthält die Quintessenz der koranischen Botschaft: den Glauben an den einzigen, allmächtigen und barmherzigen Gott, der die Menschen durch seine Offenbarung zum Heil führen will, der aber auch über all jene Gericht halten wird, die sich seinem geoffenbarten Willen widersetzen.

Vollzieht ein Muslim alle täglich vorgeschriebenen Ritualgebete, dann rezitiert er die erste Sure 17-mal am Tag. Nach der Rezitation der ersten Sure folgt in den ersten beiden Gebetseinheiten eine weitere Koranrezitation, entweder eine kurze Sure wie etwa Sure 112 oder einige Verse aus einer längeren Sure; beliebt sind auch der sogenannte Thronvers (Koran 2,255) und der Lichtvers (Koran 24,35). Sure 112 ist nach der ersten Sure eine der am häufigsten rezitierten Suren. Der Orientalist und Dichter Friedrich Rückert (1788–1860) hat versucht, den Rhythmus und die Endreime des arabischen Originaltextes in der deutschen Übersetzung einigermaßen wiederzugeben:

>*Im Namen Gottes, des barmherzigen Erbarmers.*
Sprich: ›Gott ist Einer.
Ein ewig reiner.
Hat nicht gezeugt und Ihn gezeugt hat keiner,
und nicht ihm gleich ist einer.‹«

Koran, Sure 112 nach der Übersetzung
von Friedrich Rückert

Diese kurze Sure enthält das islamische Bekenntnis zur Einheit Gottes und entspricht in Bezug auf Inhalt und Bedeutung dem jüdischen *Sch'ma Jisrael*. Das Wort »rein« in der Rückert'schen Übersetzung ist nicht im moralischen Sinne zu verstehen; das entsprechende arabische Wort kann wohl eher mit »unzusammengesetzt«, also ewig, unvergänglich wiedergegeben werden. Die Ablehnung der Zeugungsvorstellung in Bezug auf Gott richtet sich sowohl gegen altarabische Gottesvorstellungen als auch gegen das christliche Bekenntnis zu Jesus Christus als dem »Sohn Gottes« (vgl. auch Koran 19,88; 72,3).

Dreimal wird anschließend der Lobpreis »Preis sei meinem Herrn, dem Erhabenen!« gesprochen, während dessen sich die Betenden tief verbeugen. Dass Gott dem Betenden nicht fern, sondern ihm unmittelbar nahe ist, wird explizit mit der Formel: »Gott erhört den, der ihn preist, Gott, unser Herr, Lob sei dir!« bekannt, bevor sich der Betende mehrmals niederwirft, um mit der Stirn den Boden zu berühren. Diese körperliche Geste wird hier wiederum zum Ausdruck einer inneren, seelisch-geistigen Haltung der Demut, Ergebenheit und Anbetung (vgl. Koran 96,19).

Auf den Fersen sitzend rufen die Betenden dann in der letzten Gebetseinheit Gottes Frieden und Segen (*baraka*) auf den Propheten Muhammad und seine Gemeinde herab:

> *»Ehre sei Gott und Anbetung und Heiligkeit.*
> *Friede sei mit dir, o Prophet,*
> *und die Barmherzigkeit Gottes und Seine Segnungen.*
> *Friede sei mit uns und den frommen Dienern Gottes.*
> *Ich bezeuge, dass es keine Gottheit gibt außer Gott,*
> *und ich bezeuge, dass Muhammad*
> *sein Diener und Gesandter ist.*

O Gott, segne Muhammad und seine Nachfolger,
wie du Ibrahim und seine Nachfolger gesegnet hast.
Wahrlich, du bist der zu Lobende, der Ruhmreiche!«

Den Segen Gottes auf den Propheten herabzurufen, geht auf eine koranische Aufforderung zurück: »Gott und seine Engel sprechen den Segen über den Propheten. Ihr, die ihr glaubt, sprecht den Segen über ihn und grüßt ihn ergeben« (Koran 33,56). Hinter diesem Ritus steht offensichtlich die Überzeugung einer gegenwärtigen Gemeinschaft aller lebenden Muslime mit Muhammad und seinen Nachfolgern – so wie sich die Kirche in Gemeinschaft mit den Heiligen aller Zeiten weiß.

Nicht verpflichtend, aber dennoch häufig folgt an dieser Stelle ein Gebet mit der Bitte um die Vergebung persönlicher Sünden, die vor allem Gott gegenüber und damit gegen den Bund mit Gott begangen wurden. Der Reumütige darf auf Gottes barmherzige Vergebung hoffen. Gott kann sogar den ersten Schritt zur Versöhnung tun: »Dann kehrte er sich ihnen wieder zu, damit auch sie umkehren. Gott ist der sich immer wieder Zukehrende und Barmherzige« (Koran 9,118).

Das rituelle Gebet wird mit dem Friedensgruß (*salām*) »Friede sei mit euch und Gottes Barmherzigkeit!« abgeschlossen. Dabei wenden die Betenden den Kopf nach rechts und nach links. Auch diesen Akt des Friedensgrußes im gottesdienstlichen Rahmen haben Muslime wieder mit Juden und Christen gemeinsam. Im Vergleich zum jüdischen und noch mehr zum christlichen Gottesdienst fällt jedoch auf, dass das islamische Pflichtgebet – selbst am Freitag sowie an den Festtagen – relativ einfach strukturiert, relativ kurz, sich wiederholend und damit auch nicht sehr variabel ist. So gibt es, anders als im jüdischen und christlichen Gottesdienst, keine wechselnden Lesungen und Lieder. Symbolhandlun-

gen wie Sakramente – abgesehen von den das Gebet beglei-
tenden Körpergesten – fehlen völlig. Beim islamischen Ritualgebet handelt es sich streng genommen somit nicht um
eine »Liturgie« im christlichen Sinn.

Die feierliche Koranrezitation ist die eigentliche rituelle
Handlung im Islam, in der sich die Betenden das Offenba-
rungs- und Heilsgeschehen vergegenwärtigen. Sie ist vergleichbar mit der Toralesung im jüdischen Gottesdienst oder
einer christlichen Wortfeier. Den Koran zu rezitieren bedeutet, Gottes Wort zu hören und damit in der Gegenwart Gottes zu stehen. Wie sehr die Koranrezitation als Ich-Du-Be-
ziehung erlebt und gedeutet wird, zeigt die folgende heilige
Überlieferung, wonach Gott spricht: »Wer den Koran liest,
ist wie jemand, der mit Mir spricht und Ich rede mit ihm.«[73]
Diese Überzeugung wird durch ein Prophetenwort gestützt:
»Und niemals kommen Menschen in einem Haus der Häu-
ser Gottes zusammen, um das Buch Gottes zu verlesen und
miteinander zu studieren, ohne dass die Ruhe spendende
Gegenwart Gottes [*as-Sakīna*] über sie herabkommt und die
Barmherzigkeit sie bedeckt und die Engel sie umgeben und
Gott sie bei denen erwähnt, die bei ihm sind.«[74] Der Termi-
nus *Sakīna* ist mit dem hebräischen Wort *Schekhina* (»Ein-
wohnung Gottes«) verwandt. So heißt es ganz ähnlich im
Talmud: »Wenn zehn zusammensitzen und sich mit der Tora
beschäftigen, ist die Schekhina selbst mitten unter ihnen«
(Pirke Awot, 3.7). Und im Neuen Testament spricht Jesus:
»Wo zwei oder drei in meinem Namen versammelt sind, da
bin ich mitten unter ihnen« (Mt 18,20).

Das freiwillige und das freie Gebet im Islam

Das islamische Gebetsleben erschöpft sich nicht im rituellen Pflichtgebet. Neben den fünfmaligen Pflichtgebeten am Tag kann der Muslim weitere freiwillige Gebete vollziehen, die als verdienstvoll gelten. Dies können zusätzliche Gebetsein-heiten sein, die sich den jeweiligen Pflichtgebeten anschlie-ßen oder diesen vorausgehen, oder auch zusätzliche Gebets-zeiten wie etwa ein Gebet während der Nacht. Derartige Vigilien waren bereits zu Lebzeiten des Propheten – mögli-cherweise unter dem Einfluss des christlichen Mönchtums – nicht ungewöhnlich (vgl. Koran 25,64; 73,2–8). Zu jeder Zeit können auch individuelle, frei formulierte oder aus der Tradition entnommene Gebete gesprochen werden, die oft Bittgebete darstellen, in denen es um persönliche Anliegen geht. So kann etwa um die Vergebung von Sünden, um Re-gen in Zeiten der Dürre oder für nahe Angehörige gebetet werden.

Der Gläubige kann sicher sein, dass Gott ihn hört. So spricht Gott zu Muhammad im Koran: »Wenn dich meine Diener nach mir fragen – ich bin nahe. Ich antworte dem Ruf des Rufenden, wenn er zu mir ruft« (Koran 2,186). Dies ent-spricht in Inhalt und Form der Überzeugung des Psalmisten: »Nah ist der Herr allen, die zu ihm rufen, allen, die zu ihm rufen in Treue« (Ps 144,18). Ob Gott aber die Bitten des Menschen auch erhört, hängt nicht von seiner Willkür ab, sondern davon, ob die Anliegen dem Wohl des Einzelnen wirklich dienen. Jedenfalls zeigt die weitverbreitete Praxis des Bittgebets im Islam, dass man keineswegs von einer fata-listischen Vorherbestimmung ausgeht. Und doch betet der gottergebene Muslim – wie der Christ im täglichen Vaterun-ser –, dass Gottes Wille geschehen möge. Tatsächlich ist das christliche Grundgebet auch in die islamische Tradition aufgenommen worden, wenn auch mit kleinen Modifikationen wie etwa in der Anrede:

>*Unser Herr, der im Himmel ist, geheiligt werde Dein Name. Dein Befehl ist im Himmel wie auf Erden. Wie Deine Barmherzigkeit im Himmel ist, so lass sie auf Erden sein, und vergib uns unsere Sünden und Übertretungen, denn Du bist der Herr der Rechtschaffenen.*«[75]

Zahlreiche Bittgebete, die die Tradition auf Muhammad zurückführt, dienen den Gläubigen seit Jahrhunderten als Vorlagen für das Bittgebet. Eines dieser Gebete lautet:

>*O Gott, ich bitte Dich um Liebe zu Dir, um die Liebe zu denen, die Dich lieben, und um solche Handlungen, die mich zu Deiner Liebe führen. O Gott, lass Deine Liebe mir lieber sein als mich selbst, als mein Vermögen, als meine Familie und lieber als kühles Wasser!*«[76]

Im schiitischen Islam gibt es eine Vielzahl schöner Gebete, die man Ali, dem Vetter und Schwiegersohn Muhammads, zuschreibt. Schließlich gibt es im mystischen Islam, im Sufismus, eine reiche Gebetstradition.

Das Gottgedenken und die »schönsten Namen Gottes«

Gott selbst ruft im Koran wiederholt dazu auf, seiner so oft wie möglich zu gedenken, insbesondere durch stille oder laute Rezitation der göttlichen Namen: »So gedenkt meiner, dann gedenke ich euer!« (Koran 2,152; vgl. auch 87,15; 3,41; 7,205). Das arabische Wort *dhīkr* ist verwandt mit dem hebräischen Wort *zākār* und hat dieselbe Bedeutung: »gedenken«, »erinnern« (z.B. Ps 63,7; 77,12). Meist geschieht dieses Gedenken Gottes nach dem rituellen Gebet (vgl. Koran 2,200). Laut Koran hat Gott »die schönsten Namen« (Sure 7,180; vgl. 17,110; 20,8; 59,24), mit denen der Gläubige ihn anrufen soll. Der Koran enthält eine Vielzahl solcher göttlicher Namen und Eigenschaften, die in der islamischen Tradition zu Litaneien zusammengestellt und in der Regel symbolisch auf 99 beschränkt wurden.

Diese 99 schönsten Namen Gottes spielen in der Theologie, in der Mystik und in der Volksreligion des Islam seit Jahrhunderten eine große Rolle, denn sie sagen etwas über das Wesen Gottes aus. Mithilfe von Gebetsketten etwa werden entweder eine bestimmte Formel, ein bestimmter Name oder alle 99 Namen immer wieder und unzählige Male leise rezitiert oder im Herzen meditiert. Dem entsprechen in formaler Hinsicht das christliche Herzensgebet, christliche Andachtsformen wie das Rosenkranzgebet oder der ostkirchliche *Hesychasmus,* in dem – dem paulinischen Diktum »Betet ohne Unterlass!« (1 Thess 5,17) folgend – ununterbrochen der Name Jesu Christi angerufen wird. Auch diese Gebete werden mit der Gebetskette unterstützt, was die Konzentration und den Rhythmus erleichtert. Die christliche Rosenkranzkette geht vermutlich sogar auf den islamischen Gebrauch der Gebetskette zurück.

Der Mensch darf Gott mit diesen »schönsten Namen« anreden, weil Gott selbst sie in seiner Offenbarung vorgegeben hat. Diese Namen Gottes sagen somit sehr viel über das islamische Gottesverständnis und über die Gottesbeziehung aus. Die folgende Liste, die wohl am weitesten verbreitet ist, gibt die schönsten Namen nach at-Tirmidhī in ihrer ungefähren Bedeutung wieder:

Ägyptischer Papyrus mit den 99 schönsten Namen Gottes, wobei ein Name über zwei Felder geschrieben ist

GOTT, der allein Gott ist, der Erbarmer, der Barmherzige
(Koran 1,1), der König, der Heilige, der Inbegriff des Frie-
dens, der Stifter der Sicherheit, der alles fest in der Hand hat,
der Gewaltige, der Stolze, der Schöpfer, der Erschaffer, der
Bildner (59,22–24), der voller Vergebung ist (38,66; 39,5;
40,42), der bezwingende Macht besitzt (12,39; 13,16; 14,48),
der Freigebige (3,8; 38,9.35), der Unterhalt beschert (51,58),
der wahrhaft richtet, der Bescheid weiß (34,26), der bemes-
sen zuteilt, der großzügig zuteilt (2,245), der niedrig macht,
der erhöht (56,3), der Macht verleiht, der erniedrigt (3,26),
der alles hört, der alles sieht (17,1; 40,20.56; 42,11), der Rich-
ter, der Gerechte, der Feinfühlige, der Kenntnis von allem hat
(6,103; 21,63), der Langmütige (3,105), der Majestätische
(2,255), der voller Vergebung ist, der sich erkenntlich zeigt
(35,30.34; 42,11), der Erhabene, der Große, der Hüter (11,57;
34,21), der alle Dinge umsorgt und überwacht (4,85), der ab-
rechnet (4,6.68; 33,39), der Erhabene, der Ehrwürdige
(55,27.28), der Wächter, der bereit ist, zu erhören (11,61),
der alles umfasst, der Weise (4,130), der Liebevolle (11,90;
85,14), der der Ehre würdig ist (11,73), der wiedererweckt,
der Zeuge, der Wahrhaftige, der Sachwalter, der Starke, der
Feste, der Freund, der des Lobes würdig ist, der (alles) erfasst,
der (die Schöpfung) am Anfang macht, der (sie) wiederholt
(85,13; 10,4.34; 39,19), der lebendig macht, der sterben lässt
(3,156; 15,23), der Lebendige, der Beständige (3,2), der ins
Dasein ruft, der Hochgelobte, der Eine, der Undurchdringli-
che (112,2), der Mächtige, der Allmächtige, der (die Dinge)
vorausschickt, der (sie) zurückstellt, der Erste, der Letzte, der
Sichtbare, der Verborgene (57,3), der Schutzherr (13,11), der
Transzendente (13,9), der Gütige, der sich gnädig zuwendet
(2,37.54.128), der sich rächt (32,22; 43,41; 44,16), der voller
Verzeihung ist (4,43.99), der Mitleid hat (2,143; 24,20), der
über die Königsherrschaft verfügt (3,26), der Erhabenheit be-

sitzt, der Ehrwürdigkeit besitzt (55,27.78), der gerecht handelt, der versammelt, der auf niemanden angewiesen ist (2,263; 10,68), der reich (bzw. auf niemanden angewiesen) macht, der (die Dinge) abwehrt (oder: der Schutz gewährt), der Schaden bringt, der Nutzen bringt, das Licht, der rechtleitet, der Schöpfer ohnegleichen (2,117; 6,101), der Bestand hat, der alles erbt (15,23), der den rechten Weg weist, der voller Geduld ist.[77]

Die schönsten Namen Gottes nach at-Tirmidhī

Eine Gewichtung dieser Namen und Eigenschaften Gottes fällt schwer: Man könnte sich daran orientieren, wie oft ein bestimmter Name oder eine bestimmte Eigenschaft im Koran vorkommt. Eine andere Möglichkeit wäre, die Liste der »schönsten Namen« nach inhaltlichen Kategorien zu ordnen. Demnach beziehen sich insgesamt 36 dieser Namen auf Gottes Macht und Souveränität, 24 auf seine Barmherzigkeit und Gnade, 9 auf den strafenden Richter, 7 auf seine Einheit und Absolutheit und 5 auf seine Schöpfertätigkeit.[78] Auch gibt es eine Diskussion über den »größten Namen« Gottes: Während die einen meinen, höchstens die Propheten und die vollkommen Gottergebenen würden diesen größten Namen kennen, spricht der persische Mystiker Bayazid Bastami (9. Jh.): »Mach dein Herz leer von allem, was nicht Gott ist, dann nenne Ihn, wie du willst«[79].

Die Namen Gottes im Islam sind vergleichbar mit den Aussagen über die Eigenschaften Gottes in der christlichen Theologie, etwa die des Thomas von Aquin. Christen könnten jedoch an dieser Stelle einwenden, dass in der Liste der 99 schönsten Namen mitunter auch sehr problematische, ja unakzeptable Eigenschaften Gottes genannt werden. So wird Gott zum Beispiel als »der Rächende« oder »der Schadenbringende« bezeichnet. Doch auch das biblische Gottesbild

ist keineswegs ausschließlich positiv. Man denke dabei beispielsweise an die sogenannten Fluchpsalmen oder an das
vernichtende Handeln Gottes bei der Sintflut oder im Gericht mit seinem Volk. Selbst die jesuanische Botschaft ist
von solchen Aspekten des Gottesbildes nicht völlig frei, was
heute für die Verkündigung große Schwierigkeiten bereitet.
Entscheidend aber ist die Gewichtung der spannungsvollen
Eigenschaften Gottes, die im Islam ähnlich wie im Christentum ist. Denn Gott »hat sich selbst die Barmherzigkeit vorgeschrieben«, wie im Koran (Sure 6,12.54) zu lesen ist.

2. Das Gottesverständnis in Koran und islamischer Tradition

»Allāh« – Eigenname oder Gottesbezeichnung?

Das Wort »Allāh« verstehen und verwenden die Muslime selbst meist als Eigenname Gottes, weshalb es oft nicht übersetzt wird. Ursprünglich jedoch wurde es von *al-ilāh*, »der Gott« oder »die Gottheit«, abgeleitet. »Ilāh« wiederum ist mit der hebräischen Gottesbezeichnung »El« oder »Elohim« verwandt. »Allāh« war bereits im vorislamischen Zentralarabien die Bezeichnung für einen bestimmten Gott im Götterhimmel. Zur Zeit Muhammads hatte dieser Allah offensichtlich bereits die Stellung eines Hochgottes, der als Schöpfer und Erhalter des Kosmos galt (vgl. Koran 29,61.63) und den anderen Göttern überlegen war. Als bedeutende Gottheiten neben Allah wurden die Göttinnen Manat, Lat und Uzza verehrt. Durch die Offenbarung des Korans an Muhammad wurde die Alleinstellung Allahs betont und die anderen Gottheiten wurden endgültig entmachtet. An die Stelle der vielen Gottheiten treten im Koran und im Islam dann andere Mittlerwesen zwischen Gott und den Menschen, nämlich die Engel. Sie sind die Diener Gottes (vgl. Koran 43,19) und bilden dessen »Hofstaat«; sie legen Fürbitte bei Gott ein (vgl. Koran 42,5) und überbringen – wie der Erzengel Gabriel – Gottes Wort.

Und so haben auch die Christen und Juden in arabischsprachigen Gebieten das arabische Wort Allah für ihre Gottesanrede und -bezeichnung übernommen. »Wer also behauptet, der Gott der Muslime heiße ›Allah‹, ja dies sei gleichsam der ›Eigenname‹ des islamischen Gottes, verkennt schlicht die sprachlichen Tatsachen, die im Arabischen für sich sprechen. Schlimmer noch: Er verschüttet letztlich den

Weg zu dem von Juden, Christen wie Muslimen gemeinsam verehrten Gott Abrahams.«[80]

Kalligrafie der Schahāda (islamisches Glaubensbekenntnis) an der Süleymaniye-Moschee in Istanbul

Der Einzige und Allmächtige

Erst in der zunehmend polemischen Auseinandersetzung Muhammads mit den Mekkanern tritt das Zentrale der koranischen Verkündigung hervor: der strikte Monotheismus, die energische Ablehnung der Vielgötterei. Dem Schöpfergott darf keine weitere Macht zur Seite gestellt werden (*schirk*), weil es sonst Chaos im Kosmos gäbe. »Gott hat sich kein Kind genommen. Kein Gott ist neben ihm, sonst nähme

141

jeder Gott das weg, was er erschaffen hat, und die einen unter ihnen erhöben sich gegen die anderen«, heißt es im Koran (Sure 23,91). Die Götter, die von den Polytheisten angebetet werden, seien menschengemacht und machtlos: »Sie haben sich außer ihm Götter genommen, die nichts erschaffen, aber erschaffen werden, die sich selbst weder schaden noch nützen können, weder über Tod noch Leben noch Auferstehung verfügen« (Koran 25,3). Sie erhören die Menschen nicht und sorgen nicht für deren Unterhalt (vgl. Koran 26,70–74; 29,17).

Nur der eine, allmächtige Gott verdient Dankbarkeit und Anbetung, wie es folgender Psalm, der vielleicht schönste des Korans, ausdrückt:

> »Was in den Himmeln und auf der Erde ist, preist Gott.
> Er ist der Mächtige und Weise.
> Er hat die Herrschaft über die Himmel und die Erde.
> Er schenkt Leben und lässt sterben.
> Er ist aller Sache mächtig.
> Er ist der Erste und der Letzte,
> der Sichtbare und der Verborgene.
> Er weiß alles.
> Er ist es, der die Himmel und die Erde in sechs Tagen
> erschaffen und sich dann auf den Thron gesetzt hat.
> Er weiß, was in die Erde hineingeht und was aus ihr
> herauskommt, was vom Himmel herabkommt
> und was in ihn aufsteigt.
> Er ist bei euch, wo immer ihr seid. Gott durchschaut,
> was ihr tut.
> Er hat die Herrschaft über die Himmel und die Erde. Zu
> Gott werden die Sachen zurückgebracht.
> Er lässt die Nacht in den Tag übergehen
> und den Tag in die Nacht.

Er weiß, was das Herz birgt ...
Er ist es, der klare Zeichen auf seinen Diener herabsendet,
um euch aus den Finsternissen herauszubringen ins Licht.
Gott ist milde zu euch und barmherzig.«

Koran 57,1–6.9

Die Allmacht Gottes bedeutet aber nicht Willkür oder Unberechenbarkeit: Gott ist im Islam »kein Despot; er kann zwar über den Menschen verfügen, aber er tut dies im Sinne der Sorge. Er lenkt den Menschen; aber dieser empfindet sich deswegen nicht als willenlos«[81].

Der Schöpfer und Offenbarer

Laut islamischer Überlieferung stellen die ersten fünf Verse von Sure 96 die erste koranische Offenbarung dar, die der Erzengel Gabriel Muhammad überbracht hat:

»Trag vor im Namen deines Herrn, der erschaffen hat,
den Menschen erschaffen aus einem Klumpen!
Trag vor! Dein Herr, der hochherzigste,
er hat mit dem Schreibrohr gelehrt,
den Menschen gelehrt, was er nicht wusste.«

Koran 96,1–5

Die Offenbarung an Muhammad beginnt also mit einem Befehl Gottes: »Trag vor!« oder »Rezitiere!«, auf Arabisch *Iqra'!,* wovon das Wort »Koran« (*Qur'ān*) abgeleitet ist. Gott offenbart sich als »Herr« (*rabb*) und als Schöpfer der Welt und des Menschen: Auch wenn der Koran keinen solch detaillierten Schöpfungsbericht wie die Hebräische Bibel enthält (vgl. Koran 41,9–12), so zieht sich der Schöpfungsgedanke wie ein roter Faden durch den gesamten Koran. Das

143

Schöpfungshandeln Gottes ist in koranischer Sicht kein einmaliger, abgeschlossener Akt, sondern ein fortdauerndes Geschehen, das der Mensch in natürlichen Vorgängen erkennen kann: »Er bringt das Lebende aus dem Toten hervor und das Tote aus dem Lebenden. Er schenkt der Erde Leben nach ihrem Tod. So werdet auch ihr hervorgebracht« (Koran 30,19).

Gott ist also nicht einfach der Schöpfer des Anfangs der Welt, sondern auch ihr Erhalter und Neuschöpfer am Ende: Er ist der Herr der Geschichte, einer linearen, nicht einer zyklisch verlaufenden Geschichte. Als Herr der Geschichte hat sich Gott auch nicht von seiner Schöpfung entfernt, sondern ist ständig gegenwärtig und handelnd. Der Mensch ist in diesem Sinne völlig von Gott abhängig, er ist auf sein erhaltendes Handeln angewiesen.

Zurück zu Sure 96: Gott stellt sich hier weiter als edelmütig, hochherzig vor. Diese Hilfsbereitschaft zeigt sich unter anderem darin, dass er den Menschen ganz allgemein die Schreibkunst beigebracht hat (vgl. Koran 2,282). Offensichtlich spielt der Vers besonders auf die von Gott geschenkte Fähigkeit des Menschen an, Gottes Wort in Form von heiligen Büchern zu verschriftlichen (vgl. Koran 4,113; 6,91). Gott ist also auch der Offenbarer, der dafür sorgt, dass der Mensch diese Offenbarung auch verstehen und mithilfe von Verschriftlichung und Rezitation bewahren kann. Gottes Barmherzigkeit zeigt sich vor allem in zweifacher Hinsicht: zum einen, indem er allen Völkern der Erde immer wieder Propheten geschickt hat, die den einen Gott und seinen Willen verkündet haben:

»Sagt: ›Wir glauben an Gott, an das, was zu uns, zu Abraham, Ismael, Isaak, Jakob und den Stämmen herabgesandt, was Mose und Jesus gegeben wurde, was den Propheten gege-

ben wurde von ihrem Herrn. Wir machen bei keinem von ihnen einen Unterschied. Wir sind ihm (Gott) ergeben.‹«

Koran 2,136

Diese Botschaften sind »Rechtleitungen«, Wegweisungen, die denjenigen, der ihnen folgt, zum Heil im Diesseits und Jenseits führen. Der Koran weiß aber auch um die Schwäche des Menschen, der immer wieder hinter dem Willen Gottes zurückbleibt. Und so zeigt sich Gottes Barmherzigkeit zum anderen auch in seiner Bereitschaft zur Vergebung, wenn der Sünder bereut und zu Gott umkehrt.

Der Barmherzige und der Richter

Ein weiteres Charakteristikum des koranischen Gottesbildes drängt sich auf, wenn man die Koransuren liest, die in der gegenwärtigen Forschung als die frühen mekkanischen Suren gelten: der Gerichtsgedanke. In fast der Hälfte dieser Suren ist die Ankündigung und Schilderung des Jüngsten Tages und des Gerichts das Hauptthema (z.B. Koran 81, 82, 99, 100, 101). Gott ist also auch der »Herrscher am Tag des Gerichts« (Koran 1,4), der Richter. Die Warnung vor dem drohenden Gericht war eines der Hauptmotive in der Sendung Muhammads: Gott wird die Sünder und Frevler bestrafen, die Höllenqualen werden drastisch sein. Gott wird aber auch als der Barmherzige gepriesen, der sich immer wieder den Sündern zuwendet und Vergebung anbietet (vgl. Koran 9,118). Die Gläubigen werden dereinst die ewigen Freuden des Paradieses genießen:

»Gott hat den gläubigen Männern und Frauen Gärten versprochen, in denen unten Flüsse fließen – ewig sind sie darin –, und gute Wohnungen in den Gärten Edens. Größer

145

*aber ist Wohlgefallen von Gott. Das ist der mächtige Ge-
winn.«*

Koran 9,72

Ähnlich wie die christliche Hoffnung auf die selige Schau-
Gottes (lat. *visio beatifica*), verspricht auch der Koran den
Gläubigen die Gottesschau:»An jenem Tag gibt es strahlen-
de Gesichter, die zu ihrem Herrn schauen« (Koran 75,22f).

Beide Aspekte Gottes, der Gütige und Barmherzige einerseits und der gerechte Richter andererseits, stehen – wie in
der Bibel – in einer unauflöslichen Spannung zueinander,
aber sie schließen sich nicht aus:»Sie dienten, jede auf ihre
Weise, dem Ziel, auf das Muhammads Predigt ausgerichtet
war: die Mitmenschen aus ihrer bisherigen Gedankenlosig-
keit und primitiven Selbstsicherheit wachzurütteln und zu
einer von Grund auf neuen, echt religiösen Lebenshaltung
zu bekehren.«[82] Entscheidend ist die Gewichtung. So steht
die Barmherzigkeit Gottes im Koran wie auch in der Bibel
eindeutig im Vordergrund; sie hat insgesamt stärkeres Ge-
wicht als der Gerichtsgedanke, was allein daran deutlich
wird, dass jede Koransure (mit Ausnahme von Sure 9) mit
der Formel:»Im Namen Gottes, des barmherzigen Erbar-
mers« beginnt.»Die Grundstimmung des Korantextes ist
tröstlich«[83], sie will eine»frohe Botschaft« (Koran 16,89; vgl.
4,165; 5,19; 33,45–47), ein»Evangelium«, sein.

Entsprechend spielt die Barmherzigkeit Gottes auch in
der islamischen Theologie eine bedeutende Rolle. Für den
zeitgenössischen Korankommentator Yusuf A. Ali beinhaltet
die göttliche Barmherzigkeit»Güte, Langmut, Geduld und
Vergebung, alles, wessen der Sünder bedarf und der allbarm-
herzige Gott in reichlichem Maß gewährt. Aber es gibt eine
Barmherzigkeit, die gewährt wird, noch bevor sie gebraucht
wird, die Gnade, die immer gegenwärtig ist und sich vom

allgnädigen Gott auf all Seine Geschöpfe ergießt, die sie beschützt, bewahrt, rechtleitet und zum klareren Licht und höheren Leben führt«[84].

Im Koran heißt es, Gott habe sich die Eigenschaft der Barmherzigkeit »selbst vorgeschrieben« (Koran 6,12.54). An anderen Stellen wird betont, dass Gottes große Gnade nicht zu messen sei (vgl. Koran 14,34; 16,18). Der Vorrang der Barmherzigkeit wird noch deutlicher in einer heiligen Überlieferung, nach der Gott zu sich selbst sagt: »Meine Barmherzigkeit hat über meinen Zorn gesiegt.«[85] Eine entsprechende Überlieferung enthält der Babylonische Talmud, wonach Gott selbst betet: »Es sei Wohlgefallen von mir her, dass mein Erbarmen meinen Zorn niederdrücke und dass sich mein Erbarmen über meine anderen Eigenschaften wälze, dass ich mit meinen Kindern in der Weise des Erbarmens verfahre und ich mich ihnen zuwende, fern von strengem Gericht« (Berakôt 7 a).[86]

Der Begriff der Liebe Gottes zu den Menschen kommt auch – wenn auch nicht sehr häufig – im Koran vor und steht im Kontext der göttlichen Barmherzigkeit und Sündenvergebung: »Bittet euren Herrn um Vergebung und wendet euch hierauf (reumütig) wieder ihm zu! Mein Herr ist barmherzig und liebreich« (Koran 11,90; vgl. 85,14). Oder: »Wenn ihr Gott liebt, dann folgt mir, damit (auch) Gott euch liebt und euch eure Schuld vergibt« (Koran 3,31; vgl. 2,165; 5,54). Hier sind die Liebe zu Gott und die Umkehr des Menschen offenbar Voraussetzung für die Liebe Gottes zum Menschen. In der islamischen Theologie war die Rede von der »Liebe« des Menschen zu Gott durchaus möglich, wurde aber – ähnlich dem biblischen Verständnis – häufig als »Gehorsam« gegenüber Gott interpretiert, da der Terminus »Liebe« »im eigentlichen Sinn nur zwischen Geschöpfen gleicher Art gebraucht werden«[87] darf.

In der Mystik dagegen wurde der Begriff der Gottesliebe ungeniert benutzt und konnte als der mystische Pfad zu Gott verstanden werden. Die islamische Mystik war keine esoterische Religion von Minderheiten, sondern durchdrang und prägte ganz wesentlich die islamische Volksfrömmigkeit und zum Teil auch die Theologie. Aber auch in der islamischen Mystik blieb Gott der eine und allmächtige: Die Gottheit Gottes löst sich selbst im Sufismus nicht in einen kosmischen Pantheismus auf und die Liebe zwischen dem Geschöpf und dem Schöpfer ist und bleibt eine Liebe zwischen zwei ungleichen Partnern. Nicht Einswerdung, sondern »Entwerdung« der menschlichen Seele im Allmächtigen war und ist das Ziel des Sufi.

Ist der Gott des Korans ein gewalttätiger Gott?

Viel stärker als andere Religionen wird der Islam gegenwärtig mit Aggression, Gewalt und Krieg in Verbindung gebracht. Ein Grund dafür sind die tatsächlichen Gewaltphänomene in Teilen der islamischen Welt. Um den islamischen Fundamentalismus und den religiös verbrämten Terrorismus erklären zu können, sind geschichtliche und soziale Ursachen ebenso mit einzubeziehen wie politische und ökonomische. Welche Rolle aber spielt die Religion dabei?

Im Koran und in den Überlieferungen des Propheten Muhammad (*Sunna*) gibt es eine Vielzahl Gewalt legitimierender Aussagen. Dies trifft allerdings auch auf die Bibel zu, die für Juden und Christen bis heute die normative Heilige Schrift ist. Vergleicht man die Aussagen und Begriffe, so wird deutlich, wie sehr der Islam hier, wie auch in vielen anderen Themenbereichen, im Erbe der jüdisch-christlichen Tradition steht. Am deutlichsten wird dies am Ausdruck »Heiliger Krieg«, den der Islam von der Bibel und der Antike übernommen hat. Muslime verweisen stets darauf, dass das arabische Wort *dschihād* eigentlich nicht »Heiliger Krieg« bedeutet. Etymologisch liegt dem Begriff *dschihād* die Bedeutung »sich anstrengen«, »sich abmühen«, »sich heftig für eine gerechte Sache einsetzen« zugrunde.

Dieser Begriff ist in der islamischen Theologie, vor allem in der mystischen Tradition, auch im spirituellen und religiösen Sinn gedeutet worden: *dschihād* bedeutet demnach das »Sich-Anstrengen« auf dem Weg zu Gott (z.B. durch intensiviertes Gebet, Gottesgedenken) – für die Mystiker ist dies sogar der »Große *dschihād*«. Das Wort *dschihād* kann außerdem die friedliche Mission sowie das »Sich-Einsetzen« für Arme, Bedürftige, für die wirtschaftliche Entwicklung, also das sozial-karitative und sozial-politische Engagement, bedeuten. Diese Interpretation von *dschihād* wird heute tatsächlich von vielen Muslimen bevorzugt. Andererseits lässt sich nicht leugnen, dass es im Islam neben diesen Formen eine andere Dimension des *dschihād* gegeben hat und gibt, nämlich die des bewaffneten Kampfes und der kriegerischen Auseinandersetzung »auf dem Wege Gottes«.

Wichtig dabei ist allerdings die Unterscheidung zwischen mekkanischer und medinensischer Zeit, weil sich die Situation für Muhammad und die Muslime nach der Auswanderung von Mekka nach Medina verändert hatte. In der mekkanischen Phase, die die Anfänge des Islam markiert, also zwischen 610 und 622, fassten die Mekkaner die neue Botschaft Muhammads, die diesem offenbart worden war, als Bedrohung auf und reagierten aggressiv darauf, ja sie trachteten Muhammad sogar nach dem Leben. Muhammad wurde in dieser Phase die Weisung Gottes gegeben, mit Geduld, Nachsicht und Gewaltlosigkeit auf alle Ungerechtigkeiten . und Nachstellungen zu reagieren. Die muslimische Gemeinde ist zu diesem Zeitpunkt noch zu klein und politisch-militärisch zu schwach, um sich erfolgreich zur Wehr setzen zu können. Im Vordergrund steht für sie stattdessen der Aufruf zum Frieden.

In der medinensischen Zeit (622–632) dagegen ist den Muslimen der bewaffnete Kampf gegen die heidnischen Mekkaner und gegen alle Widersacher des Islam erlaubt:

> »Ermächtigt (zum Kampf) sind, die bekämpft werden, denn ihnen ist Unrecht getan worden – Gott ist mächtig, ihnen zu helfen –, die zu Unrecht aus ihren Häusern vertrieben worden sind, nur weil sie sagen: ›Unser Herr ist Gott.‹«

Koran 22,39f

Die Erlaubnis zum Kampf ist hier offensichtlich an die Bedingung geknüpft, dass die Muslime zuvor angegriffen oder vertrieben wurden. Moderne islamische Theologen schließen daraus, dass der Koran lediglich den Verteidigungskrieg erlaubt. Diese Auffassung wird durch folgenden Koranvers unterstützt:

> »Bekämpft auf Gottes Weg die, die euch bekämpfen! Handelt aber nicht widerrechtlich! Gott liebt die nicht, die widerrechtlich handeln. Tötet sie, wo ihr sie trefft, und vertreibt sie, wie sie euch vertrieben haben. Aufruhr ist schlimmer als Töten. Bekämpft sie aber nicht bei der unantastbaren Moschee, bis sie euch in ihr bekämpfen! Doch wenn sie euch bekämpfen, dann tötet sie! So wird den Ungläubigen vergolten. Wenn sie dann aufhören – Gott ist voller Vergebung und barmherzig. Bekämpft sie, bis es keinen Aufruhr mehr gibt und die Religion Gott zukommt. Wenn sie dann aufhören, dann gibt es keine Feindseligkeit mehr, außer gegen die, die Unrecht tun.«

Koran 2,190–193

Krieg ist folglich nicht nur an die Bedingung des Verteidigungsfalls, die Selbstverteidigung geknüpft, was auch völkerrechtlich gedeckt ist. Der Kampf ist möglichst bald zu beenden, sobald der Feind einlenkt: »Und wenn sie [die Feinde] sich dem Frieden zuneigen, dann neige auch du dich ihm zu und vertraue auf Gott!« (Koran 8,61).

Der Koran enthält also nicht nur Gewalt legitimierende, sondern auch Gewalt einschränkende Aussagen, die teilweise erste Ansätze völkerrechtlicher Grundsätze aufweisen. Allerdings darf nicht verschwiegen werden, dass die Kriege der muslimischen Araber nach 632 über die Arabische Halbinsel hinaus keine Verteidigungskriege, sondern eindeutig Beute- und Eroberungszüge waren. Wenn es ihnen auch nicht primär darum ging, die Religion des Islam auszubreiten – Christen und Juden durften ihre Religion behalten –, so ging es ihnen doch darum, das islamische Herrschaftsgebiet zu vergrößern.

Obwohl diese Vorgänge historisch noch schlecht erforscht und vor dem zeitgeschichtlichen Hintergrund zu bewerten sind, so ist heute eine kritische und selbstkritische Aufarbeitung dieser Geschichte im Islam notwendig und zu fordern. Erleichtern könnte diesen Prozess die Tatsache, dass es im Koran durchaus auch friedensethische Ansätze gibt, die – wie das jesuanische Gebot der Feindesliebe – auf die Durchbrechung der Spirale von Rache und Gewalt zielen:

> *»Nicht gleichen einander die gute Tat und die schlechte. Wehre ab mit einer besseren! Da ist der, mit dem du in Feindschaft lebst, wie ein inniger Freund und Beistand.«*
>
> *Koran 41,34*

Der Transzendente und Immanente

Gott ist »der Sichtbare und der Verborgene«, heißt es in Sure 57,3, das bedeutet, Gott ist der Immanente, der Gegenwärtige, der Erfahrbare und zugleich der Transzendente, der ganz Andere und alles Übersteigende. Zwar betont der Koran stets die Unvergleichlichkeit Gottes (Sure 42,11: »Nichts ist ihm gleich«), doch gibt es eine ganze Reihe von sehr menschenähnlichen Aussagen, die der späteren islamischen Theologie nicht wenige Schwierigkeiten bereitet haben. Die menschenähnlichste Aussage ist natürlich die, dass Gott »spricht«, und zwar in einer Sprache und Weise, die der Mensch hören und verstehen kann. Gott hat auch ein »Angesicht«, das der Mensch sogar finden kann (Koran 2,115); andererseits aber können ihn menschliche Blicke nicht erreichen (vgl. 6,103); er hat »Augen« (11,37), »Hände« (3,26; 38,75; 39,67), er »hört« den Ruf des Menschen, er sieht, schreibt, er sitzt auf seinem Thron wie ein König (10,3).

Auch sehr menschliche Eigenschaften und Affekte werden Gott zugeschrieben, obgleich der Koran äußerst sparsam mit derartigen Zuschreibungen in Bezug auf Gott ist: Er zürnt (1,7), er ist stolz, er verflucht (4,93), er ist aber auch liebevoll (vgl. 11,90; 85,14). Viele islamische Theologen werden all diese Aussagen später als metaphorische Aussagen interpretieren – die »Hände« Gottes etwa stehen dann für seine Macht oder seine Gnade –, andere aber nehmen sie durchaus wörtlich und handeln sich dadurch einige theologische Probleme ein. Die Auffassung, die sich schließlich mehrheitlich durchgesetzt hat, lautet, dass derartige Aussagen weder wörtlich noch metaphorisch zu verstehen, sondern einfach hinzunehmen seien, ohne nach dem »Wie« zu fragen. Den Glauben, der das Verstehen sucht, befriedigt dies nicht.

Der Koran selbst bringt Vergleiche oder Gleichnisse in Bezug auf Gott, etwa in dem bei Muslimen beliebten Lichtvers:

>>*Gott ist das Licht der Himmel und der Erde.*
Mit seinem Licht ist es,
wie wenn in einer Nische eine Lampe ist,
die Lampe in einem Glas,
das Glas wie ein funkelnder Stern.
Sie wird entzündet von einem gesegneten Baum,
einem Ölbaum, weder östlich noch westlich,
dessen Öl fast schon leuchtet,
ohne dass Feuer es berührt hätte.
Licht über Licht.
Gott führt zu seinem Licht, wen er will.
Gott prägt den Menschen die Vergleiche.<<

Koran 24,35

Der koranische Gott ist weder männlich noch weiblich, die Anrede Gottes als »Vater« oder »Mutter« wird im Islam vehement zurückgewiesen. Das arabische Wort für Gott, Allah, ist grammatikalisch gesehen jedoch männlich und Gott hat – wie in der Bibel – eine Vielzahl deutlich männlicher Eigenschaften und Namen (König, Herr, Richter etc.). In allen drei Religionen hatte dieses männlich dominierte Gottesbild auch eine verheerende patriarchale Wirkungsgeschichte, deren Folgen bis heute noch nicht vollständig aufgearbeitet und beseitigt sind. In allen drei Religionen aber gibt es auch eine feministische Theologie, die diese patriarchale Tradition kritisch hinterfragt und zu überwinden sucht. Sie verweist zum Beispiel darauf, dass die »Barmherzigkeit« Gottes allein schon vom semitischen Wortursprung her (»Mutterschoß«) eine weibliche Eigenschaft sei.

Auf die Gegenwart Gottes, die der Muslim im Gebet und vor allem in der Koranrezitation erfährt, wurde bereits hingewiesen. Betont wird die Allgegenwärtigkeit Gottes: »Gott gehört der Osten und der Westen. Wohin ihr euch auch wendet, dort ist Gottes Antlitz« (Koran 2,115). Die Immanenz Gottes ergibt sich logisch aus seiner Allmacht, denn Gott hat sich aus keinem Bereich seiner Schöpfung zurückgezogen. In der Schöpfung schließlich gibt es eine Vielzahl von »Zeichen«, die auf Gott hinweisen:

> »In der Erschaffung der Himmel und der Erde, in der Folge von Nacht und Tag, in den Schiffen, die auf dem Meer fahren mit dem, was den Menschen nützt, im Wasser, das Gott vom Himmel herabsendet und mit dem er der Erde Leben schenkt nach ihrem Tod –
> Er verbreitet auf ihr allerlei Getier.
> Und im Wechsel der Winde und Wolken, dienstbar gemacht zwischen den Himmeln und der Erde, sind Zeichen für Leute, die verstehen.«
>
> Koran 2,164, vgl. 6,95–99

Die Zeichen verweisen auf die transzendente Wirklichkeit hinter der sichtbaren Wirklichkeit der Dinge, also auf Gott selbst oder auf seine Eigenschaften. Dadurch wird eine Parallele zur katholischen Auffassung von der natürlichen Gotteserkenntnis sichtbar. So formuliert das Erste Vatikanische Konzil (1869–1870): »Gott, aller Dinge Grund und Ziel, kann mit dem natürlichen Licht der Vernunft aus den geschaffenen Dingen mit Sicherheit erkannt werden.«[88]

Schließlich spricht der Koran wiederholt vom »Geist Gottes«: So bläst Gott dem Menschen bei der Schöpfung von seinem Geist ein (vgl. Koran 32,9; 15,29). Hier handelt es sich also um die Leben schaffende Kraft Gottes. Im Zusammenhang mit der Offenbarung ist auch vom »Geist der Heiligkeit« die Rede (vgl. Koran 16,102) und Jesus ist mit dem »Geist der Heiligkeit« gestärkt (2,87; 5,110), ja, Jesus ist »Geist von Gott« (vgl. 4,17). Diese Formulierungen dürfen nicht im christlich-trinitarischen Sinn verstanden werden, aber sie weisen auf das Wirken Gottes in dieser Welt hin. Sure 59,22–24 fasst die Eigenschaften Gottes in einer Art Litanei zusammen:

> »Er ist Gott, außer dem kein Gott ist,
> der das Verborgene weiß und das Offenbare.
> Er ist der Barmherzige und Allerbarmende.
> Er ist Gott, außer dem kein Gott ist, der König, der Heilige,
> der Friede, der Sicherheit Stiftende, der Gewissheit Gewährende, der Mächtige, der Gewaltsame und Stolze.
> Gepriesen sei Gott, fern dem, was sie als Partner beigeben!
> Er ist Gott, der Schöpfer, der Erschaffende und Gestaltende.
> Er hat die schönsten Namen.
> Ihn preist, was in den Himmeln und auf der Erde ist.«

Koran 59,22–24

Exkurs: Der ethische Monotheismus von Judentum, Christentum und Islam

Anbetung des einen Gottes

Der koranische Monotheismus – wie auch der biblische – ist ein zutiefst ethischer Monotheismus: Die Anerkennung des einen Gottes bedeutet die Anerkennung seines Willens, der sich in konkreten ethischen Geboten ausdrückt und auswirkt. So kennt der Koran wie auch die Bibel Gebotsreihen, die die Einheit von Monotheismus und Ethik klar vor Augen führen.[89] Eine dieser Gebotsreihen findet sich in Sure 17,22–36. Sie beginnt wie der Dekalog mit dem Fremdgötterverbot:

Ex 20,2–3	Koran 17,22–23
Ich bin JHWH, dein Gott, der dich aus Ägypten geführt hat aus dem Sklavenhaus. Du sollst neben mir keine anderen Götter haben.	*Gib nicht Gott noch einen Gott bei, sonst sitzt du gescholten und verlassen. Dein Herr hat bestimmt, dass ihr nur ihm dienen sollt.*

Auffallend jedoch und nicht ohne Bedeutung ist, dass der Kontext des alttestamentlichen Gebots, nämlich die Erfahrung der Befreiung aus ägyptischer Sklaverei durch diesen Gott, im Koran – wie übrigens über weite Strecken auch in der späteren christlichen Auslegung von Ex 20,3 – fehlt. Dieser Hintergrund ist aber gerade aus biblischer Sicht wichtig, weil dem Gebot eben die Erfahrung des Befreiungshandelns Gottes vorausgeht.

Das zweite Gebot des biblischen Dekalogs, von Gott kein Bild anzufertigen, ist im Koran selbst noch nicht explizit enthalten, implizit jedoch in Sure 22,26, wo Abraham die Kaaba von Götzenbildern reinigt. Explizit ist das Bilderverbot aber in der Prophetentradition *(Sunna)* enthalten und wurde zu einem der wichtigsten Kennzeichen des islamischen Monotheismus. In diesem Punkt hat der Islam eine größere Nähe zum Judentum als zum Christentum, das das Bilderverbot (außer in der evangelisch-reformierten Tradition) nicht beibehalten hat. Aber es gibt auch sprachliche und gedankliche Bilder von Gott, die nicht mit der Wirklichkeit Gottes selbst verwechselt werden dürfen. So stehen Juden, Christen und Muslime gemeinsam vor der Aufgabe, lieb gewordene Bilder von Gott immer wieder zu zerbrechen. Letztlich geht es beim biblischen und koranischen Bilderverbot ja um das Fremdgötterverbot: Unser Herz sollen wir nicht an die selbst gemachten irdischen Götter und Gottesbilder hängen, sondern nur an den einen und wahren Gott.

Eine koranische Parallele zum Gebot, den Namen Gottes nicht (magisch) zu missbrauchen, ist im Gebot von Sure 2,224 zu finden, wonach man nicht leichtfertig beim Namen Gottes schwören oder Eide ablegen soll. Der Koran fordert dazu auf, Gott nur mit den von ihm selbst in der Offenbarung kundgegebenen Namen anzurufen:

Ex 20,7	Koran 7,180
Du sollst den Namen des Herrn, deines Gottes, nicht missbrauchen; denn der Herr lässt den nicht ungestraft, der seinen Namen missbraucht.	*Gott hat die schönsten Namen. So ruft ihn damit an und lasst die, die über seine Namen abwegig reden! Ihnen wird vergolten, was sie stets getan haben.*

Juden, Christen wie Muslime müssen sich fragen lassen, ob sie nicht immer wieder gegen dieses Gebot leichtfertig verstoßen, vor allem dann, wenn sie Gottes Namen für politische Zwecke oder andere, ganz irdische Dinge in Anspruch nehmen und damit missbrauchen. »Gott will es!« oder *Allāhu akbar!* werden dann schnell zu Schlachtrufen, die eher vordergründigen menschlichen Zielen als dem Willen Gottes entsprechen.

Das letzte Gebot der »ersten Tafel«, welche die Beziehung zwischen Mensch und Gott regelt, ist im Koran nicht enthalten, nämlich die Sabbatheiligung als Erinnerung an das Ausruhen Gottes nach vollbrachter Schöpfung (vgl. Ex 20,11) sowie als Erinnerung an die Befreiung aus Ägypten (vgl. Dtn 5,15). Dem Islam ist die Vorstellung, der allmächtige Gott müsse nach getanem Schöpfungswerk »ausruhen«, zu vermenschlichend (vgl. Koran 50,38). Von besonderer Bedeutung in der islamischen Woche ist der Freitagnachmittag, an dem das Pflichtgebet der Männer in der Moschee stattfinden muss und während dessen die Kaufgeschäfte ruhen sollen (vgl. Koran 62,9). Ein völliger Ruhetag dagegen ist dem Islam fremd; damit fehlt hier die für den biblisch-christlichen Kontext bedeutsame sozialethische, befreiende Komponente des Sabbats oder Sonntags, die gerade auf die Schwachen im Arbeitsleben zielt. Für Christen ist mit diesem Ruhetag außerdem ein eschatologischer Aspekt verbunden, nämlich der Ausblick auf die Auferstehung und das ewige Leben.

Ehrfurcht vor dem Leben und dem Gut des anderen

Von Bedeutung ist, dass im Koran wie in der Bibel die zwischenmenschlichen Beziehungen gleichsam die andere Seite der gott-menschlichen Beziehung darstellen: Wer gegen die Gebote der zweiten Tafel verstößt, vergeht sich auch an Gott. Das Gebot, die Eltern zu ehren, stellt nach biblisch-christlicher Tradition deshalb die innere Verknüpfung zwischen der ersten und der zweiten Tafel dar. Auch der Koran kennt diese zweite Tafel und das fünfte Gebot:

Ex 20,12	Koran 17,23–24
Ehre deinen Vater und deine Mutter, damit du lange lebst in dem Land, das der Herr, dein Gott, dir gibt.	*Dein Herr hat bestimmt, dass ihr nur ihm dienen sollt und den Eltern Gutes tun. Wenn einer von ihnen [Vater oder Mutter] bei dir das hohe Alter erreicht oder beide, dann sag nicht zu ihnen: »Pfui!«, und schilt sie nicht, sondern sag ihnen ehrerbietiges Wort! Senke zu ihnen den Flügel der Demut aus Barmherzigkeit und sag: »Herr, erbarme dich ihrer, wie sie mich großgezogen haben, als ich klein war!«*

Das biblische Gebot der Elternehrung ist mit einer Verheißung verbunden: »damit du lange lebst«. Der Koran gibt eine Begründung für das Gebot: So wie die Eltern das Leben der Kinder geboren, ernährt und beschützt haben, sollen auch die erwachsen gewordenen Kinder die greisen Eltern ehren und versorgen. Es geht hier also um einen »Generationenvertrag«. Güte und Dankbarkeit sollen das Verhalten gegenüber den Eltern und Alten prägen, so wie Dankbarkeit gegenüber dem gütigen Schöpfergott.

Bibel und Koran und damit Judentum, Christentum und Islam sind sich in dem Grundsatz einig, dass jegliches Leben von Gott kommt und daher allein in Gottes Macht steht. Das menschliche Leben hat dabei besonderen Rang, ist der Mensch doch nach biblischem Verständnis »Gottes Ebenbild« und nach islamischem Verständnis »Stellvertreter Gottes auf Erden« (Koran 2,30). Aus dieser einzigartigen Würde des Menschen resultiert die prinzipielle Unantastbarkeit menschlichen Lebens. So gibt es im Koran eine Aussage, die nahezu wörtlich auch im Talmud (Mischna Sanhedrin, 4,5) enthalten ist: »Wenn einer jemanden tötet, ohne dass es Vergeltung wäre für einen anderen oder für Unheil auf der Erde, dann ist das, als ob er die Menschen allesamt getötet hätte. Wenn aber einer jemandem Leben schenkt, dann ist das, als ob er den Menschen allesamt Leben geschenkt hätte« (Koran 5,32).

Der Koran verbietet ausdrücklich das Töten von Kindern, wie dies in der vorislamischen arabischen Gesellschaft aus Angst vor Verarmung der Fall war:

Ex 20,13	Koran 17,31
Du sollst nicht morden.	*Tötet nicht eure Kinder aus Furcht vor Verarmung! Wir versorgen sie und euch. Sie zu töten ist schwere Verfehlung.*

Von diesem Grundsatz des Lebensschutzes jedoch scheinen alle Religionen auch Ausnahmen zu machen: So kennt die Hebräische Bibel die Todesstrafe für bestimmte Verbrechen wie Totschlag und Ehebruch (vgl. Lev 24,17) oder sogar für das Schlagen oder Verfluchen der Eltern (vgl. Ex 21,15.17). Auch das Töten im Krieg ist erlaubt. Verboten sind nach biblischer Tradition also lediglich das »ungesetzliche Töten« und der Mord. Erst das moderne Menschenrechtsdenken hat hier ein Umdenken in Judentum und Christentum möglich gemacht. Auch der Koran erlaubt das Töten von Menschen in bestimmten, allerdings nur von Gott erlaubten Fällen:

>»Tötet keinen Menschen, den Gott doch für unantastbar erklärt hat, es sei denn nach Recht! Wenn jemand zu Unrecht getötet wird, dann geben wir seinem Beistand Ermächtigung (zur Blutrache). Doch soll er im Töten nicht maßlos sein. Ihm wird geholfen.«
>
> *Koran 17,33*

Es handelt sich hier um das sogenannte Talionsrecht, wie es bereits in der Bibel im Prinzip »Auge für Auge, Zahn für Zahn« (Ex 21,24) begegnet. So barbarisch dieses Prinzip

161

dem modernen, aufgeklärten Betrachter heute vorkommen mag – für die damalige Zeit, in der es keinen Rechtsstaat im heutigen Sinne gab, bedeutete es einen Fortschritt in der Rechtsgeschichte: Erstens galt dieses Prinzip ohne Ansehen der Person (Gleichheitsgrundsatz), zweitens wurde die Rache und damit die Spirale der Gewalt begrenzt und an bestimmte Bedingungen geknüpft. Primär geht es um Entschädigung, sofern dies möglich ist, sowie um das Prinzip der Verhältnismäßigkeit von Vergehen und Strafe. Der Koran kennt als Ergänzung zum Talionsrecht außerdem das Gebot zur Versöhnung und Vergebung:

> »Schlechtes wird mit gleich Schlechtem vergolten. Doch wer verzeiht und Heil stiftet, dessen Lohn steht bei Gott.«
>
> Koran 42,40

Einig sind sich Judentum, Christentum und Islam in der Verurteilung von Unzucht und Ehebruch, auch wenn die Ehe jeweils einen unterschiedlichen theologischen Stellenwert einnimmt:

Ex 20,14.17	Koran 17,32
Du sollst nicht die Ehe brechen. *Du sollst nicht nach der Frau deines Nächsten verlangen.*	*Naht euch nicht der Unzucht! Sie ist Schandtat, ein schlechter Weg!*

Im Islam gehört die Ehe zwar auch zur natürlichen Schöpfungsordnung, doch ist sie in erster Linie ein zivilrechtlicher Vertrag, der nach dem klassischen Recht vom Mann jederzeit und grundlos aufgelöst werden kann, während eine Frau sich nur bei berechtigten Gründen vor Gericht scheiden lassen kann. Die biblisch-christliche Vorstellung, wonach die monogame Ehe zwischen Mann und Frau Abbild der treuen Beziehung Gottes zu seinem Volk sein soll, ist dem Islam fremd.

Liebe und Sexualität zwischen Mann und Frau werden im Koran wie in der Bibel positiv und als »Zeichen« gewertet, die auf Gottes gute Schöpfungsordnung verweisen und ihren Platz in der legitimen Ehe haben. Jede außereheliche geschlechtliche Beziehung wird als »Unzucht« gewertet, Ehebruch verurteilt (vgl. Koran 24,2; 17,32; Mt 5,27f). Nicht akzeptabel jedoch ist für unser heutiges Verständnis von Menschenrechten die in islamischen Gesellschaften immer noch praktizierte strafrechtliche Verfolgung derartiger Vergehen, die nach dem klassischen islamischen Rechtssystem (*Scharia*) mit Körperstrafen bis hin zur Steinigung belegt werden können.

Das Verbot von Diebstahl und Veruntreuung formuliert der Koran mehrmals explizit (vgl. Koran 60,12; 17,34; 6,152). Außerdem gebietet er, im geschäftlichen Bereich nicht zu betrügen, sondern ehrlich und gerecht zu sein (vgl. Koran 6,152; 17,35). Auch Zinswucher ist verboten, weil er lebenszerstörend ist (vgl. Koran 2,278f). Hier zeigt sich die sozialethische Botschaft des Korans, die zugleich Kritik an bestehenden Missständen und Verhaltensweisen in der arabischen Gesellschaft übt. Muhammad und der Koran stehen damit in guter biblisch-prophetischer Tradition (vgl. Amos, Hosea, Jesus). Wie aktuell diese prophetische Botschaft heute noch ist, zeigen die ungerechten Weltwirtschaftsstrukturen, die andere Menschen häufig auf sehr subtile Weise ausbeuten und ihre Lebensgrundlagen zerstören.

Auch die Aufrichtigkeit und Wahrhaftigkeit gegenüber den Mitmenschen, besonders vor Gericht, fordert der Koran ein: »Sprecht zutreffende Worte« (Koran 33,70). Denn Heuchelei, üble Nachrede und Verleumdungen sind verderblich und können wie Diebstahl Lebensgrundlagen und damit Leben selbst zerstören (vgl. Koran 2,264; 24,19; 4,122).

Zur islamischen Ethik gehört schließlich ganz zentral die Fürsorge gegenüber den Armen, Bedürftigen, Waisen, Witwen, Gefangenen:

> *»Zu lösen der Gefangenen Band;*
> *Zu speisen, wenn der Hunger im Land,*
> *Den Waisen, der dir verwandt,*
> *Den Armen, der dir unbekannt ...*
> *Das sind die Genossen der rechten Hand.«*
>
> *Koran 90,13–18 nach der Übersetzung*
> *von Friedrich Rückert*

Dass auch aus islamischer Sicht Gottes- und Nächstenliebe zusammengehören und im Mittelpunkt stehen, zeigt der »Offene Brief« von 138 islamischen Gelehrten an christliche Würdenträger aus dem Jahr 2007 mit dem Titel »Ein gemeinsames Wort zwischen uns und euch« (»A Common Word«).[90] In diesem Brief argumentieren die Muslime, dass das Doppelgebot der Gottes- und Nächstenliebe auch für sie verbindliche Grundlage des Lebens und des Dialogs mit Juden und Christen ist.

3. Gott in der islamischen Theologie und Mystik

Vorrang des rechten Handelns

»Wie alle Propheten so war auch Muhammad kein Theologe. Die Offenbarung, die er empfing, enthielt kein systematisiertes Gottesverständnis«[91]. Das Erfordernis, den Glauben an den sich im Koran geoffenbarten Gott in reflektierender und systematisierender Weise zu durchdringen und zu verteidigen, ergab sich aber schon bald nach Muhammads Tod mit der Konsolidierung und Ausbreitung des Islam in Gebieten außerhalb der Arabischen Halbinsel und durch die Begegnung mit christlichen Schulen und philosophischen Traditionen. Erste theologische Zentren und Schulen, vor allem im Irak (Basra, Kufa, später Bagdad), entstanden bereits um 800 n.Chr. Zu dieser Zeit liegen so ziemlich alle wesentlichen theologisch strittigen Themen auf dem Tisch, die in den folgenden Jahrhunderten nur weiter vertieft und differenziert werden. Eine wichtige Rolle spielte dabei die Rezeption griechischer Philosophie über die Vermittlung des syrischen Christentums. Wollte man sich argumentativ mit dem Christentum auseinandersetzen, konnte man sich nicht ohne Weiteres nur auf den Koran berufen, sondern musste Methoden und Begriffe der Argumentation übernehmen, die auch christlicherseits benutzt und anerkannt wurden, eben solche der griechischen Philosophie. Die Verteidigung des eigenen Glaubens führte so zur Entwicklung der rationalen und spekulativen Theologie im Islam.

Anders als in der christlichen Theologiegeschichte jedoch, in der über Jahrhunderte zum Teil erbitterte Auseinandersetzungen um die Trinitätslehre und Christologie geführt und breite Spekulationen über das Wesen Gottes betrieben wurden, spielte die Frage nach dem rechten Glauben (*Orthodoxie*) im Islam – wie im Judentum – nie die primäre Rolle. Hier stand und steht vielmehr die Frage nach dem richtigen Handeln (*Orthopraxie*) im Vordergrund, die Frage nach der richtigen Erkenntnis des Willens Gottes, wie er sich in Offenbarung und Prophetentradition niedergeschlagen hat und wie er von den Menschen in der jeweiligen Zeit zu erfüllen ist.

Die Allmacht Gottes und die Freiheit des Menschen

Der Glaube an die Existenz und Einzigkeit Gottes ist auch wesentliches Thema der Reflexion in der islamischen Theologie und sogar in der Rechtswissenschaft. Als erste Glaubenspflicht jedes Muslim gehört das monotheistische Bekenntnis nämlich zu den Bereichen der Scharia, welche die gottesdienstlichen Pflichten betreffen. In der rechtswissenschaftlichen Literatur wird das Thema im Zusammenhang mit den Glaubensinhalten abgehandelt. Zu diesen Glaubensartikeln gehört nach dem Gottesbekenntnis auch der Glaube an die Engel, an die Gesandten Gottes, an die geoffenbarten Schriften, an den Jüngsten Tag und schließlich an die göttliche »Bestimmung«. Letztere verursacht eine schwierige theologische Problematik, denn mit »Bestimmung« ist gemeint, dass nichts in der Schöpfung ohne den Willen Gottes geschieht. Heißt das, dass alles von Gott vorherbestimmt oder determiniert ist? Was bedeutet das hinsichtlich der menschlichen Willens- und Handlungsfreiheit? Wenn Gott letztlich für die menschlichen Handlungen, auch für die moralisch schlechten, verantwortlich ist, wie verträgt sich das mit der Gerechtigkeit Gottes? Das waren

die ersten in der islamischen Theologie verhandelten Streit-
fragen.

Während die einen die Handlungsfreiheit des Menschen
und die Gerechtigkeit Gottes betonten (*Mu'taziliten*), wollten die anderen die Allmacht Gottes um keinen Preis ge-
fährden und schränkten dafür die Handlungsfreiheit des
Menschen auf ein Minimum ein (*Asch'ariten*). Nach Ansicht Letzterer erschafft Gott die Handlungen im Menschen, der Mensch aber eignet sich diese Handlungen an
und ist damit im ethischen Sinne verantwortlich. Diese Lösung des Problems ist für manche muslimische Theologen
heute nicht mehr befriedigend, weshalb sie den Raum der
menschlichen Handlungsfreiheit wieder ausweiten. Ähnliche Diskussionen und Lösungsmodelle begegnen auch in
der jüdischen und christlichen Theologiegeschichte (z.B.
bei Augustinus, Thomas von Aquin, Jean Calvin). Das zeigt,
dass es hier um grundsätzliche Probleme monotheistischer
Religionen geht.

Das Verhältnis von Offenbarung und Vernunft

Die Existenz Gottes ist für die islamische Theologie von Anfang an eine unhinterfragte Realität, und dies gilt weitgehend
bis heute. Der islamischen Theologie und Philosophie ging
es in erster Linie darum, die Einheit Gottes argumentativ zu
»beweisen« und den Vielgötterglauben zu widerlegen. Mit
Bezug auf Sure 30,30 ging und geht die islamische Theologie
davon aus, dass die Religion in Form des Monotheismus –
also der Islam im abstrakten Sinne – jedem Menschen gleichsam von Natur aus angeboren sei (vgl. Koran 7,172). Gottes
Existenz und sogar bestimmte Eigenschaften wie seine Allmacht und weise Schöpfertätigkeit sind demnach mithilfe
menschlicher Vernunft zu erkennen.

Was Gott vom Menschen will, konnte der Mensch nach mehrheitlicher Meinung der verschiedenen islamischen Theologenschulen jedoch nur durch die prophetische Offenbarung wissen. Der islamischen Theologie ging es seit jeher weniger um die Erkenntnis des Wesens Gottes, sondern vielmehr um seinen Willen, auch wenn sich diese beiden Aspekte nicht gegeneinander ausspielen lassen. Während die islamischen Philosophen versuchten, mithilfe der Vernunft zu ewigen und universalen Wahrheiten und damit auch zur Erkenntnis Gottes zu gelangen, gründet die islamische Theologie in der Offenbarung des göttlichen Willens im Koran. Der traditionelle Hauptstrom der Theologie versuchte, Vernunft und Offenbarung miteinander zu versöhnen und als sich wechselseitig bestätigende und ergänzende Erkenntnisquellen zu betrachten: Vernunft und Offenbarung sind beide Gottes Gaben; die Offenbarung aber ist eindeutiger und unfehlbar im Vergleich zur Vernunft und deshalb letztes Kriterium. Die Rolle der Vernunft beschränkt sich demnach auf die rationale Beschreibung, Durchdringung und Verteidigung der Offenbarungswahrheit.

Die Eigenschaften Gottes

Eine weitere Frage, die in der frühen islamischen Theologie diskutiert wurde, war, wie angemessen von Gott zu sprechen sei. Ähnlich der »negativen Theologie« in der christlichen Tradition gab es auch islamische Theologen, die in Bezug auf Gott nur verneinende Aussagen gelten lassen wollten. Letztlich könne man nur von Gottes Existenz, seinem Da-Sein, sprechen, jedoch nichts über sein Wesen, sein So-Sein, aussagen. Und doch konnte die islamische Theologie nicht an den positiv bestimmten Eigenschaften Gottes im Koran vorbei.

Wie in der jüdischen und christlichen mittelalterlichen Theologie gab es auch im Islam eine Lehre von den Eigenschaften Gottes, die zwischen Wesens- und Handlungseigenschaften unterschied: Während Gott die Wesenseigenschaften unabhängig von seiner Beziehung zur Schöpfung zukommen (z.B. Existenz, Anfangslosigkeit, Einzigkeit und Einheit), umschreiben die Handlungseigenschaften Gottes Bezug zur Welt (z.B. Schöpfer, Offenbarer, Erbarmer, Richter). Die allgemeine muslimische Auffassung bis heute ist, dass Gott alle Eigenschaften in vollkommener Weise zukommen. Eigenschaften, die Unvollkommenheiten ausdrücken wie beispielsweise »leidend« oder »sterblich«, oder solche, die Gott vermenschlichen könnten, werden als unangemessen zurückgewiesen.

Die Frage nach dem Wesen des Korans im Verhältnis zu Gott

Schließlich stellte die islamische Theologie die Frage nach dem Wesen des Korans und dessen Verhältnis zu Gott: Ist der Koran göttlich und damit ewig oder ist er in der Zeit von Gott geschaffen? Letzteres meinten die Vertreter der rationalen Theologie, die Mu'taziliten, da aus ihrer Sicht die Annahme eines ungeschaffenen Wortes Gottes eine Vervielfältigung des Wesens Gottes bedeuten würde. Andere dagegen hielten den Koran für die ungeschaffene Rede Gottes. Die sich letztlich als »orthodox« durchsetzende Lehrmeinung des sunnitischen Islam spricht vom ungeschaffenen, ewigen Wort Gottes, das sich im geschaffenen, zeitlichen Koran niedergeschlagen hat. Hier ist eine gewisse Analogie zur christlichen Zwei-Naturen-Lehre zu erkennen, wonach Gottes ewiges, ungeschaffenes Wort in Jesus von Nazaret Mensch geworden ist.

169

Beides sind theologische Versuche, Transzendenz und Immanenz Gottes zusammenzudenken oder, anders gesagt: Offenbarung zu denken. Anders als im Christentum jedoch wurden diese theologischen Probleme ab einem gewissen Zeitpunkt im Islam nicht weiter diskutiert und als erledigt betrachtet. Erst heute werden diese Fragen im Hinblick auf das Offenbarungsverständnis des Islam und im Kontext der interreligiösen Begegnung neu gestellt und erörtert.

Gott in der islamischen Mystik

Eine Darstellung des islamischen Gottesverständnisses ohne eine Berücksichtigung des Sufismus, der islamischen Mystik, wäre defizitär. Stärker als im Christentum und Judentum nämlich hat die Mystik im Islam die Religiosität breiter Massen beeinflusst und geprägt. Ja, die Verbreitung des Islam in weiten Teilen des Balkans, Asiens und Afrikas ist ganz wesentlich durch mystische Strömungen und Orden geschehen. Obwohl es immer wieder zur Konfrontation mit der islamischen Orthodoxie kam, spielte und spielt der Sufismus eine große Rolle in der islamischen Volksfrömmigkeit, Kunst und Poesie. Die islamische Mystik gründet natürlich auf dem Boden des Korans und der Prophetentradition, zugleich aber stellt sie bestimmte Aspekte des islamischen Gottesbildes ins Zentrum, die in der »Orthodoxie« zwar vorhanden sind, aber weniger Beachtung finden: die Liebe und Barmherzigkeit Gottes.

Gegenüber der Gotteserkenntnis im Glauben sucht der Mystiker die intuitive Schau und geistige Erfahrung Gottes, letztlich die liebende Vereinigung mit ihm (lat. *unio mystica*), die »Entwerdung« in Gott. Eine solche Erfahrung ist Gnade, bedarf aber auch des Willens und eines geistlichen Führers, der den Gottsucher auf seinem Pfad mit den verschiedenen Stationen wie Reue, Entsagung, Gottvertrauen,

Dankbarkeit, Liebe und Erkenntnis führt. Die Techniken auf diesem Weg sind Gebet, Kontemplation und ständiges Gedenken Gottes (*dhīkr*), in manchen Orden (z.B. bei den Tanzenden Derwischen) auch Musik und Tanz bis zur Ekstase.

Wie kaum ein anderer Mystiker konnte Dschalaluddin Rumi jene Erfahrung des sich nach Gott sehnenden Menschen in Worte fassen, die wohl Christen und Muslime vereint. Nicht ohne Grund hat der lutherische Bischof und Religionswissenschaftler Nathan Söderblom im folgenden Text aus Rumis Werk »Mathnawi« das Geheimnis des christlichen Gnadengebets wiedererkannt, wonach Gott im Gebet der Aktive und der sich selbst Schenkende ist:

> »O Gott!«, *rief einer viele Nächte lang,*
> *und süß ward ihm sein Mund von diesem Klang.*
> *»Viel rufst du wohl«, sprach Satan voller Spott.*
> *»Wo bleibt die Antwort ›Hier bin ich‹ von Gott?*
> *Nein, keine Antwort kommt vom Thron herab!*
> *Wie lange schreist du noch ›O Gott!‹? Lass ab!«*
> *Als er betrübt, gesenkten Hauptes, schwieg,*
> *sah er im Traum, wie Chidr*[92] *niederstieg*
> *und sprach:*
> *»Warum nennest du Ihn denn nicht mehr?*
> *Was du ersehnt – bereust du es so sehr?«*
> *Er sprach:* »Nie kommt die Antwort: ›Ich bin hier.‹
> *So fürchte ich, Er weist die Türe mir!«*
> *»Dein Ruf ›O Gott‹ ist Mein Ruf: ›Ich bin hier!‹*
> *Dein Schmerz und Flehn ist Botschaft doch von Mir,*
> *und all dein Streben, um Mich zu erreichen –*
> *Dass ich zu Mir dich ziehe, ist's ein Zeichen!*
> *Dein Liebesschmerz ist Meine Huld für dich –*
> *Im Ruf ›O Gott!‹ sind hundert ›Hier bin ich!‹«*[93]
>
> *Rumi*

4. Glauben Juden, Christen und Muslime an den gleichen Gott? – Islamische Antworten

Das Verhältnis zwischen Muslimen und Juden

Das Verhältnis zwischen Muslimen und Juden ist ambivalent, und zwar von Anfang an. Der Islam hat ohne Zweifel vieles von seiner Botschaft und Praxis dem Judentum zu verdanken. Muhammad sah sich als ein Prophet in der Reihe der Propheten Israels. So fordert der Koran die Muslime auf: »Sagt: Wir glauben an Gott, an das, was zu uns, zu Abraham, Ismael, Isaak, Jakob und den Stämmen herabgesandt, was Mose und Jesus gegeben, was den Propheten gegeben wurde von ihrem Herrn. Wir machen bei keinem von ihnen einen Unterschied« (Koran 2,136).

Zusammen mit den Christen werden die Juden im Koran als »Schriftbesitzer« oder »Leute des Buches« charakterisiert und gewürdigt: »Die glauben, die Juden, die Christen und die Sabier – die an Gott und den Jüngsten Tag glauben und Gutes tun –, die bekommen ihren Lohn bei ihrem Herrn, sie befällt nicht Furcht und sie sind nicht traurig« (Koran 2,62). An anderer Stelle heißt es: »Streitet mit den Leuten der Schrift nur auf die beste Art – außer mit denen unter ihnen, die Unrecht tun – und sagt: ›Wir glauben an das, was zu uns und was zu euch herabgesandt worden ist. Unser Gott und eurer ist einer. Wir sind ihm ergeben‹« (Koran 29,46). Diese Koranstelle geht also davon aus, dass der Gott des Islam derselbe Gott ist wie der jener Schriftbesitzer, also der Juden und Christen.

Es gibt aber auch Aussagen im Koran, die Juden und Christen vorwerfen, Gott ein Geschöpf zur Seite zu stellen und damit den ursprünglichen Monotheismus, die Tora des Mose, verfälscht zu haben: »Die Juden sagen: ›Uzair ist Gottes Sohn‹« (Koran 9,30). Bis heute ist nicht geklärt, wie der Koran zu diesem Vorwurf kommt und wer mit »Uzair« gemeint ist. Die meisten Koranübersetzer und -ausleger geben den Namen mit »Esra« wieder und identifizieren ihn mit jenem jüdischen Priester, der nach dem Babylonischen Exil im vorchristlichen Jahrhundert den Wiederaufbau der Jerusalemer Gemeinde betrieb. Es gibt jedoch keinen einzigen Hinweis, dass jemals irgendwo Juden Esra als »Sohn Gottes« bezeichnet haben. Eine andere Theorie sieht in »Uzair« den ägyptischen Gott Osiris. Gab es in Ägypten oder im Umfeld vielleicht Juden, die dem ägyptischen Osiris-Kult anhingen? Die Frage muss offenbleiben. Sicher aber ist, dass der koranische Vorwurf nicht das jüdische Selbstverständnis trifft.

Sure 5,82 wirft den Juden der damaligen Zeit Feindseligkeit gegenüber den Muslimen vor: »Du findest gewiss, dass Juden und die, die (Gott) Partner beigeben, zu denen, die glauben, am feindseligsten sind« (Koran 5,82). Solche Aussagen sind heute nur vor dem Hintergrund der historischen Umstände zu verstehen und dürfen nicht als zeitlose Aussagen interpretiert werden. In Medina kam es nämlich zu politischen Auseinandersetzungen der islamischen Gemeinde mit den dortigen jüdischen Stämmen, die des Vertragsbruchs bezichtigt wurden. Laut islamischer Überlieferung wurden zwei dieser Stämme schließlich durch die Muslime vertrieben, ein Stamm unter Billigung Muhammads regelrecht ausgelöscht. Allerdings gibt es dafür keine außerislamischen Belege, sodass man nicht sicher sagen kann, was historisch wirklich geschehen ist.

Diese Berichte belasten das Verhältnis zwischen Muslimen und Juden zum Teil bis heute. Die aus dieser Offenbarungsperiode stammenden negativen Aussagen über die Juden im Koran werden heute von islamischen Fundamentalisten im Kontext des Israel-Palästina-Konflikts instrumentalisiert und zum Teil sogar in Form von antijüdischer Propaganda verwendet. Das Phänomen des muslimischen Antijudaismus lässt sich dennoch nicht aus dem Koran ableiten, sondern ist ein modernes Phänomen, das im Laufe des 20. Jahrhunderts im Zuge des Nahostkonflikts von der islamischen Welt aus Europa importiert worden ist. Bis dahin war die islamische Welt in der Geschichte oft ein Schutzraum für Juden im Gegensatz zu den christlichen Gebieten. Unter arabisch-islamischem Einfluss erlebte das Judentum im Mittelalter sogar eine kulturelle Renaissance (z.B. Maimonides).

Theologisch und in der religiösen Praxis sind sich Muslime und Juden sehr nah: Sie sehen sich – in Abgrenzung zum Christentum – als die Bewahrer des strikten Monotheismus. Auch hinsichtlich des Religionsgesetzes gibt es eine große Verwandtschaft bis in Details hinein. So bezeichnet die »Islamische Charta« des Zentralrats der Muslime in Deutschland (ZMD) aus dem Jahr 2002 das Judentum (wie das Christentum) als »monotheistische Offenbarungsreligion«. Und in dem bereits erwähnten Brief mit dem Titel »A Common Word« (2007) zitieren 138 muslimische Gelehrte das jüdische Glaubensbekenntnis und andere zentrale Stellen der Hebräischen Bibel. Damit wollen sie die gemeinsame Grundlage der Gottes- und Nächstenliebe in Judentum, Christentum und Islam betonen.[94]

Das Verhältnis zwischen Muslimen und Christen

Das Verhältnis des Islam zum Christentum ist ebenfalls ambivalent: Einerseits nimmt der Koran einiges aus der christlichen Überlieferung auf und verliert dabei kein einziges negatives Wort über Jesus und Maria. Vielmehr würdigt er sie als ausgezeichnete Menschen, die sich vorbildhaft dem Willen Gottes hingegeben haben. Darüber hinaus gibt es im Koran einige sehr positive Aussagen über die Christen selbst: »Und du findest gewiss, dass denen, die glauben [den Muslimen], die in Liebe am nächsten stehen, die sagen: ›Wir sind Christen.‹ Denn unter ihnen sind Priester und Mönche und sie sind nicht hochmütig« (Koran 5,82). In Sure 5,46–47 werden die Christen sogar aufgefordert, sich an das zu halten, was in ihrer Heiligen Schrift steht:

> *»Ihnen (den Propheten) ließen wir Jesus, den Sohn Marias, folgen, um zu bestätigen, was schon vor ihm von der Tora vorlag. Wir gaben ihm das Evangelium – in ihm sind Führung und Licht –, um zu bestätigen, was schon vor ihm von der Tora vorlag, als Führung und Mahnung für die Gottesfürchtigen. Die Leute des Evangeliums sollen nach dem entscheiden, was Gott in ihm herabgesandt hat. Die nicht nach dem entscheiden, was Gott herabgesandt hat, das sind die Frevler.«*
>
> *Koran 5,46–47*

Die im Zusammenhang mit dem Judentum bereits zitierte Stelle gilt auch im Hinblick auf die Christen: »Wir glauben an das, was zu uns und was zu euch herabgesandt worden ist. Unser Gott und euerer ist einer. Wir sind Ihm ergeben« (Koran 29,46). So spricht zum Beispiel der zeitgenössische türkische Korangelehrte Süleyman Ateş von der »geistigen Ein-

175

heit der Offenbarungsreligionen«[95]. Christen verehren also durchaus denselben Gott wie die Muslime, aber nach Ansicht des Korans doch nicht auf die richtige Weise. Denn es gibt im Koran auch deutliche Kritik an den Christen oder zumindest an bestimmten Christen und ihrem Glaubensverständnis. Der sogenannte Verfälschungsvorwurf der islamischen Theologie konzentriert sich vor allem auf zwei Punkte, die zugleich den Kern des christlichen Glaubensbekenntnisses darstellen: die »Gottessohnschaft Jesu« einerseits und die Trinitätslehre andererseits.

Zwar wird Jesus im Koran und von den Muslimen als ein bedeutender Prophet und Gesandter anerkannt, der wie Mose eine Offenbarungsschrift, das Evangelium, gebracht hat. Die Bezeichnung Jesu als »Sohn Gottes« lehnt der Koran jedoch ebenso heftig und entschieden ab wie die islamische Theologie bis in die Gegenwart hinein. So heißt es in Sure 9,30: »Und die Christen sagen: ›Christus ist Gottes Sohn.‹ Das ist ihr Wort in ihrem eigenen Munde. Sie gleichen sich den Worten derer an, die schon früher ungläubig waren. Gott bekämpfe sie! Wie sind sie belogen!« (vgl. Koran 5,17). Und an anderer Stelle steht: »Ungläubig sind, die sagen: ›Gott ist der Dritte von dreien.‹ Kein Gott ist außer einem einzigen« (Koran 5,73).

Nach koranischer Sicht geht der Titel »Sohn Gottes« nicht auf Jesus selbst zurück (vgl. Koran 5,116), vielmehr hätten die Christen Jesu Botschaft verfälscht, indem sie ihn zum Gott erhoben haben. Damit begehen sie nach Meinung der Muslime die größte Sünde, die ein Mensch begehen kann, nämlich Gott etwas zur Seite zu stellen (*schirk*). An anderen Stellen des Korans wird deutlich, dass dieser Vorwurf entweder auf einem Missverständnis beruht oder sich auf konkrete Auffassungen und Kulte »heterodoxer« christlicher Gruppierungen zur Zeit Muhammads bezieht, aber die orthodoxe Lehrmeinung des Christentums nicht trifft:

»*Ihr Leute der Schrift, geht in eurer Religion nicht zu weit und sagt über Gott nur die Wahrheit! Christus Jesus, der Sohn Marias, ist nur Gottes Gesandter, sein Wort, das er Maria entbot, und Geist von ihm. So glaubt an Gott und seine Gesandten! Sagt nicht: ›Drei!‹ Hört auf! Das ist besser für euch. Gott ist ein einziger Gott. Gepriesen sei er! Dass er ein Kind hätte! Ihm gehört, was in den Himmeln und auf der Erde ist. Gott genügt als Sachwalter.*«

Koran 4,171

Hier steht offensichtlich ein biologisch-physisches Verständnis von »Gottessohnschaft« im Hintergrund, wie es aus der antiken Religionsgeschichte bekannt ist: Ein Gott zeugt mit einer Göttin einen leiblichen Sohn. In der Tat verwendet die klassische christliche Dogmatik den Begriff der »Zeugung« in Bezug auf das Verhältnis von Gott Vater und Gott Sohn, worauf sich wohl Sure 112 auch bezieht:

»*Sag: Er ist Gott, ein Einziger, Gott, der Allüberlegene.
Er hat nicht gezeugt und ist nicht gezeugt worden.
Nicht einer ist ihm gleich.*«

Sure 112

Ob und inwieweit die Vorwürfe des Korans also den Glauben der Christen generell treffen oder nur zeit- und situationsbedingte Aussagen sind, muss heute von den muslimischen Theologen neu beantwortet werden. Vor allem müsste sich die islamische Theologie heute stärker mit der christlichen Glaubensquelle selbst, der Bibel, und mit der gegenwärtigen christlichen Theologie und dem christlichen Selbstverständnis auseinandersetzen. Zu stark ist die islamische Wahrnehmung und Bewertung des Christentums immer noch von dem Bild geprägt, das der Koran zeichnet. Eine völlig neue Basis des Dialogs zwischen Muslimen und Christen stellt deshalb der bereits erwähnte »Offene Brief« von 138 islamischen Gelehrten an die Christenheit aus dem Jahr 2007 dar, der wörtlich aus beiden Teilen der Bibel zitiert und das Doppelgebot der Gottes- und der Nächstenliebe als gemeinsames Zentrum und gemeinsame Grundlage von Judentum, Christentum und Islam erklärt:

> *»Liebe zu dem Einen Gott und die Liebe gegenüber dem Nächsten – diese beiden Prinzipien finden sich immer wieder in den heiligen Schriften des Islams und des Christentums. Die Einheit Gottes, die Notwendigkeit der Liebe zu Ihm und das Erfordernis, den Nächsten zu lieben, sind somit der gemeinsame Grund von Islam und Christentum.«*[96]
>
> *Auszug aus »A Common Word«, einem Brief von 138 islamischen Gelehrten an die Christenheit (2007)*

Schluss: Juden, Christen und Muslime gemeinsam vor dem einen Gott

Das Judentum als Wurzel des Monotheismus

Das Volk Israel hat den Monotheismus zur wohl bedeutendsten Leitidee der Religions- und Menschheitsgeschichte gemacht. Mit der christlichen Heidenmission ist der Gott der Hebräischen Bibel über das Volk Israel hinaus zu anderen Völkern und Kulturen gekommen. Diese Entwicklung wurde in der israelitischen Religion selbst – nicht zuletzt durch das hellenistische Diasporajudentum der Antike – grundgelegt, indem sie den Gott der Stammväter und -mütter nicht nur als partikularen Stammes- und Volksgott, sondern als universalen Schöpfergott und Herrn der Geschichte verkündet hat. Israel sieht seine Erwählung, das heißt seinen Auftrag darin, »Licht für die Völker«, also Zeuge dieses einen, wahren Gottes vor den Völkern zu sein (Jes 49,6; vgl. Lk 2,32).

Das aus dem Judentum entstandene Christentum hat den Gott Israels über die Volksgrenzen Israels hinweg verbreitet, 600 Jahre später hat sich dann auch der Islam in diese Tradition eingereiht. Durch diese drei Offenbarungsreligionen semitischen Ursprungs, die heute zusammen die Hälfte der Weltbevölkerung ausmachen, ist der Gott Israels zur meistverehrten Gottheit weltweit geworden: »In der gesamten Re-

179

ligionsgeschichte der Menschheit gibt es keine prominentere Gestalt als den hebräischen Gott.«[97] Ein bedeutender jüdischer Denker des Mittelalters, Jehuda Halevi, »sprach vom Judentum als der Saat und von Christentum und Islam als dem Baum, der daraus gewachsen ist – die Frucht trägt immer noch den ursprünglichen Samen in sich«[98].

Wir haben gesehen, wie sehr der Gottesglaube in allen drei Religionen in Gebet und Gottesdienst verankert ist. Beim Monotheismus dieser drei Religionen geht es nicht um eine abstrakte Reflexion über das Wesen Gottes, nicht um das bloße Für-wahr-Halten von Glaubenssätzen, sondern um die konkret erfahrbare Beziehung zu dem einen, lebendigen Gott, der uns anspricht, uns im Wort nahekommt. Dabei fällt die besondere Nähe und Abhängigkeit von Gebet und Liturgie in Judentum und Christentum auf. Diese beiden Religionen stehen in einer einzigartigen geschichtlichen und theologischen Beziehung, die nicht in einer allgemeinen »Theologie der Religionen« nivelliert werden darf. Stärker als im Islam ist im Christentum die Bezugnahme auf die Geschichte und konkret auf den »Gott Israels« zu spüren. Auch die »Verwicklung« Gottes mit dem Menschen, sein Mitgehen und sogar Mitleiden, spielt in Judentum und Christentum eine ungleich größere Rolle als im Islam.

Die Frage nach dem Heil

Lässt sich nun die gestellte Frage, ob Juden, Christen und Muslime zum gleichen Gott beten, definitiv beantworten? Machen wir uns damit nicht zum Richter und setzen uns an eine Stelle, die nur Gott zukommt? Tatsächlich können wir unsere Gottesvorstellungen nicht durch einen unmittelbaren Rückgriff auf die Wirklichkeit Gottes selbst prüfen, weil kein Mensch einen solchen direkten Zugriff auf Gott hat. Wir können also nur Gottesvorstellungen miteinander vergleichen. Es kann aber auch nicht darum gehen, ein Urteil über den Glauben und das Heil anderer Menschen zu fällen. Wahrer Glaube umfasst mehr als nur Bekenntnissätze, Riten und Ethos. Er umfasst und erfasst den ganzen Menschen, sein Innerstes, seine Personmitte.

Während erstere Dimensionen noch einigermaßen objektiv beschrieben, verglichen und anhand von Kriterien bewertet werden können, bleiben letztere Dimensionen dem äußeren Betrachter verborgen und unauslotbar. Insofern kann und darf kein Urteil über die Gottesbeziehung oder den »Heilsstatus« konkreter Menschen gefällt werden. Uns ging es hier nur um die Frage, ob die Rede vom »gleichen oder selben Gott«, den Juden, Christen und Muslime anbeten, theologisch plausibel begründbar ist. Und hinter dieser Frage steht letztlich die entscheidende Frage, ob Menschen außerhalb der sichtbaren Kirche und ohne das explizite Bekenntnis zu Jesus Christus in einer Heil schaffenden Gottesbeziehung stehen können.

Diese Frage kann, wie zum Beispiel in der Theologie Karl Rahners, a priori beantwortet werden, das heißt, von den Voraussetzungen des eigenen Glaubens her, ohne sich konkret mit den anderen Religionen beschäftigt zu haben. Solche Voraussetzungen des eigenen Glaubens sind zum Beispiel die Überzeugung, dass Gott das Heil aller Menschen will (vgl. 1 Tim 2,4) oder dass der dreieinige Gott universal in den Herzen der Menschen wirksam ist. Solche Glaubensüberzeugungen aber sind umso plausibler, je mehr Gemeinsamkeiten zwischen den konkreten Religionen existieren. Es wird bei der Feststellung und Bewertung solcher Gemeinsamkeiten immer unterschiedliche Positionen geben. Geht man aber von einer »Hierarchie der Wahrheiten« aus, dann dürfte aus christlicher Perspektive das jesuanische Doppelgebot der Gottes- und der Nächstenliebe in dieser Hierarchie an oberster Stelle stehen. Dieses Doppelgebot wiederum hat seine Wurzeln in der Hebräischen Bibel und im Judentum.

Es kann somit – zumindest aus christlicher Perspektive – überhaupt kein Zweifel daran bestehen, dass Juden und Christen zum selben Gott beten. Dies gilt ungeachtet der Tatsache, dass sich Gottes- und Offenbarungsverständnis beider Religionen unterscheiden und die Juden Jesus nicht als den Messias und Sohn Gottes anerkennen. Diese Spannung kann und darf nicht auf eine Seite hin aufgelöst werden: Jüdisches und christliches Gottesverständnis sind weder völlig identisch noch derart verschieden, als dass sich beide auf ein unterschiedliches Objekt beziehen würden. Die Kontinuität des neutestamentlich-christlichen Gottesglaubens mit dem alttestamentlich-jüdischen Gottesglauben ist eindeutig größer als die Diskontinuität.

Dieselbe Spannung aber begegnet uns im Verhältnis von Christentum und Islam: Auf den ersten Blick scheinen die Differenzen groß zu sein, zumal der Islam jeden Gedanken einer Trinität, einer Menschwerdung Gottes und der Erlösung durch stellvertretendes Leiden explizit ablehnt. Es kann aber überhaupt kein Zweifel daran bestehen, dass das islamische Gottesverständnis und die islamische Gottesverehrung, ungeachtet der aufgezeigten Unterschiede, eine große Nähe zum Judentum aufweisen, was Juden wie Muslime immer wieder betonen. Was aber für das Verhältnis von Judentum und Christentum – trotz der einzigartigen Beziehung beider Religionen zueinander – gilt, muss dann konsequenterweise auch für das Verhältnis von Christentum und Islam gelten: Beide beziehen sich auf ein und denselben Gott, wenn auch nicht in derselben, völlig identischen Art und Weise.

Anerkennung der Unterschiede – Betonung des Gemeinsamen

Es wäre naiv, in der Erkenntnis oder Überzeugung, wonach Juden, Christen und Muslime zu demselben Gott beten, ein Friedensprogramm zu sehen, das soziale und politische Konflikte wie etwa den Israel-Palästina-Konflikt lösen könnte. Im Gegenteil: Gerade die Berufung auf ein und dasselbe, wie zum Beispiel die Berufung auf die Gestalt Abrahams als den Stammvater des Glaubens, hat in der Vergangenheit oft zum Streit zwischen den Religionen über das richtige Verständnis geführt. Je näher sich religiöse Bekenntnisse stehen, desto schärfer und unbarmherziger können die wechselseitigen Abgrenzungen und Verurteilungen sein, wie dies auch die innerchristliche Ökumene zeigt. Die aggressive Abgrenzung vom anderen wird dann nicht selten zu einem Mittel der eigenen Identitätsstiftung.

Die Bezugnahme auf denselben Gott, dieselben Traditionen und zum Teil sogar dieselben heiligen Schriften kann nur dann Frieden förderndes Potenzial entfalten, wenn diese Bezugnahme der einzelnen Religionen nicht in exklusiver Weise geschieht, wenn sich also nicht eine Religion als die einzig wahre betrachtet. Alle drei Religionen laufen Gefahr, derartige Exklusivitätsansprüche zu vertreten, in allen drei Religionen gibt es bis heute fundamentalistische Strömungen, die anderen – auch innerhalb der eigenen Religion – den wahren Glauben absprechen. Die Religionen müssen sich immer wieder bewusst machen, dass sie nicht die absolute Wahrheit besitzen, weil die absolute Wahrheit Gott selbst ist, der sich nicht besitzen lässt, sondern der sich aus freier Entscheidung schenkt.

Die Annahme, dass alle drei Religionen zum selben Gott beten, bedeutet auch nicht, alle Religionen einfach gleichzumachen und als gleichwirksame Heilswege zu betrachten. Jede Religion wird bei der Bewertung der anderen Religion stets vom eigenen Bekenntnis ausgehen und dieses zum Kriterium erheben. Eine andere Möglichkeit, etwa in Form einer objektiven, neutralen Vogelperspektive, gibt es nicht. Deshalb wird die andere Religion stets hinter dem Bekenntnis der eigenen Religion zurückbleiben. Für den christlichen Glauben ist eben das Bekenntnis zu Jesus Christus als dem menschgewordenen Wort Gottes und universalen Erlöser das entscheidende und unterscheidende Kriterium, an dem die anderen Religionen, freilich auch das gelebte Christentum selbst, immer wieder zu messen sind. Für die Juden ist dieses Kriterium die schriftliche und mündliche Tora, für die Muslime ist es der Koran und die Tradition Muhammads.

Diese je spezifische Bezugnahme auf das zentrale Offenbarungsereignis erlaubt es aufgrund der bestehenden Unterschiede und zum Teil sogar Widersprüche nicht, alles in den anderen Religionen als wahr anzuerkennen: Das Christentum wird den Koran nicht pauschal als Offenbarungsschrift und Muhammad nicht ohne Einschränkung als Propheten anerkennen können. Und zwar dort nicht, wo diese dem christlichen Glauben widersprechen, wie etwa in Bezug auf die Kreuzigung Jesu und deren Heilsbedeutung. Das aber, was in den Religionen wahr und heilig ist, soll gewürdigt und geschätzt werden. Jede wahre Gotteserkenntnis, wo auch immer sie geschieht, ist von Gott geschenkte Erkenntnis und in diesem Sinne »Offenbarung«.

Zum interreligiösen Dialog gehört das Zeugnisgeben vom eigenen Glauben, sonst wäre es kein Dialog gläubiger Menschen. Wird der Dialog in einem Geist der Liebe und Freiheit geführt, dann wird dieser Dialog zwischen den Menschen zu einem Abbild des Dialogs Gottes mit den Menschen in der Geschichte. Es ist die gemeinsame Überzeugung von Juden, Christen und Muslimen, dass Gott den Menschen auf Erden als sein »Ebenbild« (Gen 1,27) bzw. als seinen »Statthalter« (Koran 2,30) eingesetzt hat, das heißt mit Verantwortung füreinander und für die Schöpfung vor Gott. Die Tora, das Evangelium Jesu Christi und der Koran beanspruchen, den jeweils richtigen Weg aufzuzeigen, auf dem der Mensch dieser von Gott gestellten Aufgabe nachzugehen hat. Im Zentrum dieses Weges stehen die beiden Hauptgebote der Gottes- und der Nächstenliebe: Sie fassen die Botschaft der Tora ebenso zusammen wie die Botschaft Jesu Christi. Und nach dem Brief der 138 islamischen Gelehrten unter dem Titel »A Common Word« (2007) gilt dies auch für den Koran. Juden, Christen und Muslime sind aufgefordert, den Dialog über diese beiden Hauptgebote zu vertiefen und vom »gemeinsamen Wort« zum gemeinsamen Handeln zu kommen.

Zusammen sein, um zu beten

Wenn man von der Grundüberzeugung ausgeht, dass Juden, Christen und Muslime denselben Gott anbeten, so könnte daraus der Schluss gezogen werden, dass in der gottesdienstlichen Praxis, etwa bei gemeinsamen Friedensgebeten, Gedenkfeiern oder religiösen Festen, tatsächlich gemeinsam gebetet wird. Das Buch der Psalmen etwa enthält Gebetstexte, die von allen drei Religionen gebetet werden könnten. Für Christen aber »bedeutet Beten immer, zum dreieinen Gott zu beten. Sie beten im Bewusstsein, Geschöpfe des Vaters, Brüder und Schwestern Jesu Christi und darin vom Heiligen Geist erfüllt zu sein«[99]. Nun könnte man bei einem gemeinsamen Gebet spezifisch-christliche Elemente wie etwa die trinitarische Gebetsformel oder den Namen Jesus Christus vermeiden. Doch dürfte dies keine wirklich tragfähige und ehrliche Lösung sein. Das Gebet ist die innerste und sensibelste Dimension jeder Religion, wodurch sich die religiöse Identität des Individuums wie der Gemeinschaft bildet und ausdrückt. Es eignet sich daher nicht für Experimente und sollte auch nicht verzweckt werden.

Es muss stets deutlich bleiben, dass der Glaube an Jesus als den Christus und Gottessohn die Christen von Juden und Muslimen unterscheidet und trennt. Hier hat auch die Unterscheidung zwischen innerchristlicher Ökumene und interreligiösem Dialog ihren Sinn und ihre Berechtigung: Christen können zusammen beten und feiern, weil sie den Glauben an den dreieinigen Gott teilen, und ihr Ziel ist es, alle noch trennenden Differenzen im Glauben zu überwinden und zu einer sichtbaren Einheit der Kirchen zu kommen. Dies ist zwischen den Religionen nicht denkbar, ohne dass sich die Religionen selbst aufgeben. Wohl aber können sie aufeinander zugehen und einander und vor der Welt ein Zeugnis vom jeweils eigenen Glauben geben.

»Zusammen sein, um zu beten« – mit dieser Formel hat Papst Johannes Paul II. Form und Anliegen jener Friedensgebete der Weltreligionen in Assisi in den Jahren 1986, 1993 und 2002 beschrieben, zu denen er selbst eingeladen hat und die seit 1987 von der Gemeinschaft Sant'Egidio weitergeführt werden. Vertreter und Führer verschiedener Religionen und Konfessionen kommen zusammen, um gleichzeitig an verschiedenen Orten oder nacheinander am selben Ort, nicht aber miteinander zu beten. Selbst wo theologischer Konsens besteht, dass Juden, Christen und Muslime zu *demselben* Gott beten, werden sie kaum zusammen beten können, weil sie eben *auf je verschiedene Weise* zu dem einen und selben Gott beten.

Zugleich wissen Christen, dass Gottes Heil schaffendes Wirken nicht auf die christliche Glaubensgemeinschaft beschränkt ist. Deshalb dürfen sie der Überzeugung sein, dass auch die Gebete von Juden, Muslimen und anderen Gläubigen vom Geist Gottes bewirkt, geheiligt und angenommen werden. So erfahren Juden, Christen und Muslime, die nebeneinander beten, doch eine Gemeinschaft, die ihr Verhältnis und ihr Vertrauen zueinander vertieft. Sie erfahren sich gemeinsam vor dem einen, allmächtigen und gütigen Gott stehend als Geschöpfe und damit als Geschwister vor Gott, der stets größer ist als all unser Verstehen und Gestammel.

Anhang

Anmerkungen

1 Annette Böckler, Jüdischer Gottesdienst. Wesen und Struktur, Berlin 2002, 8.
2 Jakob J. Petuchowski, Wie Juden beten, Gütersloh 1998, 18f.
3 Schalom Ben-Chorin, Betendes Judentum, Tübingen 1980, 50.
4 Übersetzung nach: Das Jüdische Gebetbuch. Gebete für Schabbat und Wochentage, hg. von Jonathan Magonet in Zusammenarbeit mit Walter Homolka, Berlin 2001, 89–91.
5 Böckler, Jüdischer Gottesdienst, 38.
6 Zit. nach Böckler, Jüdischer Gottesdienst, 28f. Die Zusätze in den eckigen Klammern beziehen sich auf unterschiedliche Überlieferungen.
7 Böckler, Jüdischer Gottesdienst, 111.
8 Zit. nach: Das Jüdische Gebetbuch, 119.
9 Böckler, Jüdischer Gottesdienst, 87.
10 Zit. nach: Das Jüdische Gebetbuch, 121.
11 Zit. nach: Jonathan Magonet, Einführung ins Judentum, Berlin 2003, 34f.
12 Erich Zenger, Das Erste Testament. Die jüdische Bibel und die Christen, Düsseldorf 1991, 52.
13 Erich Zenger, Am Fuß des Sinai. Gottesbilder des Ersten Testaments, Düsseldorf 1994, 150.
14 Bernhard Lang, Jahwe, der biblische Gott. Ein Portrait, München 2002, 170.
15 Roland Gradwohl, Bibelauslegungen aus jüdischen Quellen, Bd. 1, Stuttgart, 110.
16 Erich Zenger, Einleitung in das Alte Testament, Stuttgart ⁷2008, 367.
17 Zenger, Einleitung, 330.
18 Zenger, Einleitung, 512.
19 Zit. nach Magonet, Einführung, 298.
20 Magonet, Einführung, 298.
21 Magonet, Einführung, 301.

22 Karl Erich Grözinger, Middat ha-din und Middat ha-rahamim. Die sogenannten Gottesattribute »Gerechtigkeit« und »Barmherzigkeit« in der rabbinischen Literatur, in: Frankfurter judaistische Beiträge 8 (1980), 95–114, 108.

23 Zit. nach Magonet, Einführung, 35f.

24 Hier und im Folgenden zit. nach Schalom Ben-Chorin, Jüdischer Glaube, Tübingen ²1979, 31ff.

25 Johann Maier, Judentum von A bis Z. Glauben, Geschichte, Kultur, Freiburg i.Br. 2001, 125.

26 Vgl. dazu Gershom Scholem, Die jüdische Mystik in ihren Hauptströmungen, Frankfurt a.M. 1957; Gerhard Wehr, Kabbala, Kreuzlingen/München 2002.

27 Vgl. Rabbi Moses Cordovero, Tomer Deborah – Der Palmbaum der Deborah. Eine mystische Ethik radikalen Erbarmens, Freiburg 2003.

28 Magonet, Einführung, 304.

29 Schalom Ben-Chorin, Als Gott schwieg. Ein jüdisches Credo, Mainz 1986, 90.

30 Zit. nach Magonet, Einführung, 304f.

31 Hans Jonas, Der Gottesbegriff nach Auschwitz, Frankfurt a.M. 1987, 12.

32 Vgl. Klaus Müller, Tora für die Völker. Die noachidischen Völker und Ansätze zu ihrer Rezeption im Christentum, Berlin 1994.

33 Zit. nach Rainer Kampling/Michael Weinrich (Hg.), Dabru emet – redet Wahrheit. Eine jüdische Herausforderung zum Dialog mit den Christen, Gütersloh 2003, 9f.

34 Ben-Chorin, Betendes Judentum, 215.

35 Magonet, Einführung, 58.

36 Horst Georg Pöhlmann/Marc Stern, Die Zehn Gebote im jüdisch-christlichen Dialog. Ihr Sinn und ihre Bedeutung heute, Frankfurt a.M. 2000, 39.

37 www.imamsrabbis.org

38 Vgl. Jürgen Werbick, Bilder sind Wege. Eine Gotteslehre, München 1992, 202ff.

39 Franz Mußner, Traktat über die Juden, München 1979, 208.

40 Romano Guardini, Vom Geist der Liturgie, Freiburg/Basel/Wien 1983, 20.

41 Albert Gerhards/Benedikt Kranemann, Einführung in die Liturgiewissenschaft, Darmstadt ²2008, 111.

42 Karl Jaroš, Wurzeln des Glaubens. Zur Entwicklung der Gottesvorstellung von Juden, Christen und Muslimen, Mainz 1994, 135.

43 Ansgar Moenikes, Der sozial-egalitäre Impetus der Bibel Jesu und das Liebesgebot als Quintessenz der Tora, Würzburg 2007, 38.

44 Ulrich Luz, Das Evangelium nach Matthäus, Bd. III, Zürich/Düsseldorf 1997, 279.

45 Luz, Evangelium, 273.

46 Benedikt XVI., Enzyklika Deus Caritas Est (Verlautbarungen des Apostolischen Stuhls Nr. 171), Vatikanstadt 2006, Nr. 1.

47 Zenger, Sinai, 18.

48 Moenikes, Impetus, 22.

49 Joachim Gnilka, Paulus von Tarsus. Apostel und Zeuge, Freiburg/Basel/Wien 1997, 193.

50 Der Glaube an den dreieinen Gott. Eine Handreichung der Glaubenskommission der Deutschen Bischofskonferenz zur Trinitätstheologie (Die deutschen Bischöfe Nr. 83), Bonn 2006, 33.

51 Herbert Vorgrimler, Gotteslehre I, Graz/Wien/Köln 1989, 17.

52 Zenger, Sinai, 87.

53 Zit. nach Herbert Vorgrimler, Gott. Vater, Sohn und Heiliger Geist, Münster 2003, 18.

54 Dorothea Sattler/Theodor Schneider, Gotteslehre, in: Th. Schneider (Hg.), Handbuch der Dogmatik, Bd. 1, Düsseldorf 2000, 108.

55 Werbick, Bilder sind Wege, 64.

56 Vgl. Glaube an den dreieinen Gott (Die deutschen Bischöfe Nr. 83), 85.

57 Vorgrimler, Gott, 62f.

58 Glaube an den dreieinen Gott (Die deutschen Bischöfe Nr. 83), 89.

59 Vorgrimler, Gotteslehre II, 123.

60 Zit. nach Vorgrimler, Gotteslehre II, 151f.

61 Karl Rahner, Bemerkungen, in: Ders., Schriften zur Theologie, Bd. IV, Einsiedeln/Zürich/Köln 1960, 115f.

62 Karl Rahner, in: P. Imhoff/H. Biallowons (Hg.), Im Gespräch, Bd. I, 1964–1977, München 1982, 245.

63 Magnus Striet, Konkreter Monotheismus als trinitarische Fortbestimmung des Gottes Israels, in: Ders. (Hg.), Monotheismus Israels und christlicher Trinitätsglaube (QD 255), Freiburg/Basel/Wien 2004, 155–198, 162.

64 Karl Rahner, Grundkurs des Glaubens. Einführung in den Begriff des Christentums, Freiburg/Basel/Wien 1984, 219.

65 Herbert Vorgrimler, Theologische Gotteslehre, Düsseldorf ³1993, 159, Anm. 19.

66 Ben-Chorin, Betendes Judentum, 207.

67 Kirche und Israel. Ein Beitrag der reformatorischen Kirchen Europas zum Verhältnis von Christen und Juden, im Auftrag des Exekutivausschusses der Leuenberger Kirchengemeinschaft, hg. von H. Schwier, Frankfurt a.M. 2001, 59, vgl. 61.

68 Zenger, Das Erste Testament, 188.

69 Zit. nach Andreas Renz/Stephan Leimgruber, Christen und Muslime. Was sie verbindet, was sie unterscheidet, München ²2005, 88.

70 Zit. nach Renz/Leimgruber, Christen und Muslime, 93.

71 Der Koran wird hier und im Folgenden zitiert nach der Übersetzung von Hans Zirker, Darmstadt ²2007.

72 Zit. nach: Der Hadīth. Urkunde der islamischen Tradition, Bd. II. Religiöse Grundpflichten und Rechtschaffenheit, ausgewählt und übersetzt von Adel Th. Khoury, Gütersloh 2008, 19f.

73 Zit. nach Annemarie Schimmel, Die Zeichen Gottes. Die religiöse Welt des Islam, München 1995, 205.

74 Zit. nach Der Hadīth. Urkunde der islamischen Tradition, Bd. I. Der Glaube, ausgewählt und übersetzt von Adel Th. Khoury, Gütersloh 2008, 244.

75 Zit. nach Annemarie Schimmel, Dein Wille geschehe. Die schönsten islamischen Gebete, Bonndorf im Schwarzwald 1992, 11.

76 Zit. nach Schimmel, Dein Wille geschehe, 43.

77 Zit. nach: Der Hadīth, Bd. I., 65–68.

78 Vgl. Adel Theodor Khoury, Der Islam. Sein Glaube, seine Lebensordnung, sein Anspruch, Freiburg/Basel/Wien 1992, 111.

79 Zit. nach Hamid Molla-Djafari, Gott hat die schönsten Namen. Islamische Gottesnamen, ihre Bedeutung, Verwendung und Probleme ihrer Übersetzung, Frankfurt a.M. u.a. 2001, 114.

80 Hartmut Bobzin, Allah oder Gott? Über einige terminologische Probleme im Spiegel rezenter islamischer Koranübersetzungen ins Deutsche, in: Münchener Theologische Zeitschrift 52 (2001), 16–25, 23.

81 Hans Küng/Josef van Ess, Christentum und Weltreligionen. 1. Islam, Gütersloh ³1991, 111.

82 Rudi Paret, Mohammed und der Koran, 79.

83 Stefan Wild, Mensch, Prophet und Gott im Koran. Muslimische Exegeten des 20. Jahrhunderts und das Menschenbild der Moderne, Münster 2001, 16.

84 Yusuf Abdullahi Ali, The Holy Qur'an. Text, Translation and Commentary, Beirut 1968, 14, Anm. 19.

85 Zit. nach A. Th. Khoury, Der Koran (Übersetzung), Gütersloh 1992, 500.

86 Zit. nach R. Mayer, Der Babylonische Talmud, München [4]1978, 567.

87 Annemarie Schimmel, Studien zum Begriff der mystischen Liebe in der frühislamischen Mystik, Marburg 1954, 1.

88 Zit. nach H. Denzinger/P. Hünermann, Kompendium der Glaubensbekenntnisse und kirchlichen Lehrentscheidungen, Freiburg u.a. [38]1999, Nr. 3004.

89 Vgl. zum Folgenden Renz/Leimgruber, Christen und Muslime, 189–196.

90 Vgl. www.acommonword.com

91 Tilman Nagel, Der Koran. Einführung, Texte, Erläuterungen, München 1983, 222.

92 Chidr ist eine Gestalt aus der islamischen Tradition und Mystik, über deren Existenz und Identität unter den Gelehrten kein Konsens besteht. Manche identifizieren ihn mit Elias oder dem hl. Georg.

93 Dschalal-ad-Din Rumi, Das Mathnawi. Ausgewählte Geschichten. Aus dem Pers. von Annemarie Schimmel, Basel 1994, 108 u. 110.

94 Vgl. www.acommonword.com.

95 Vgl. Süleyman Ateş, Die geistige Einheit der Offenbarungsreligionen, übers. von Abdullah Takim, Istanbul 1998.

96 www.acommonword.com

97 Lang, Jahwe, 7.

98 Magonet, Einführung, 57.

99 Leitlinien für das Gebet bei Treffen von Christen, Juden und Muslimen. Eine Handreichung der deutschen Bischöfe (Arbeitshilfe 170), 2. überarbeitete und aktualisierte Auflage, Bonn 2008, 33.

Verwendete und weiterführende Literatur

Judentum

Schalom Ben-Chorin, Jüdischer Glaube, Tübingen [2]1979.

Schalom Ben-Chorin, Betendes Judentum, Tübingen 1980.

Schalom Ben-Chorin, Als Gott schwieg. Ein jüdisches Credo, Mainz 1986.

Annette Böckler, Jüdischer Gottesdienst. Wesen und Struktur, Berlin 2002.

Roland Gradwohl, Bibelauslegungen aus jüdischen Quellen, 2 Bde., Stuttgart 1995.

Hans Hermann Henrix, Judentum und Christentum. Gemeinschaft wider Willen, Regensburg [2]2008.

Das Jüdische Gebetbuch. Gebete für Schabbat und Wochentage, hg. von Jonathan Magonet in Zusammenarbeit mit Walter Homolka, Berlin 2001.

Hans Jonas, Der Gottesbegriff nach Auschwitz, Frankfurt a.M. 1987.

Hans Küng, Das Judentum. Die religiöse Situation der Zeit, München/ Zürich [6]2007.

Bernhard Lang, Jahwe, der biblische Gott. Ein Portrait, München 2002.

Pnina Navé Levinson, Einführung in die rabbinische Theologie, Darmstadt [3]1993.

Jonathan Magonet, Einführung ins Judentum, Berlin 2003.

Franz Mußner, Traktat über die Juden, München 1979.

Jakob J. Petuchowski, Gottesdienst des Herzens. Eine Auswahl aus dem Gebetsschatz des Judentums, Freiburg/Basel/Wien 1981.

Jakob J. Petuchowski, Wie Juden beten, Gütersloh 1998.

Horst Georg Pöhlmann/Marc Stern, Die Zehn Gebote im jüdisch-christlichen Dialog. Ihr Sinn und ihre Bedeutung heute, Frankfurt a.M. 2000.

Clemens Thoma/Michael Wyschogrod (Hg.), Das Reden vom einen Gott bei Juden und Christen, Bern 1984.

Erich Zenger, Das Erste Testament. Die jüdische Bibel und die Christen, Düsseldorf 1991.

Erich Zenger, Am Fuß des Sinai. Gottesbilder des Ersten Testaments, Düsseldorf 1994.

Erich Zenger u.a., Einleitung in das Alte Testament, Stuttgart ⁶2006.

Christentum

Benedikt XVI., Enzyklika »Deus Caritas Est« (Verlautbarungen des Apostolischen Stuhls, Nr. 171), Bonn 2006.

Die deutschen Bischöfe, Der Glaube an den dreieinen Gott. Eine Handreichung der Glaubenskommission der Deutschen Bischofskonferenz zur Trinitätstheologie (Die deutschen Bischöfe, Nr. 83), Bonn 2006.

Michael Brocke/Jakob J. Petuchowski/Walter Strolz (Hg.), Das Vaterunser. Gemeinsames im Beten von Juden und Christen, Freiburg/Basel/Wien 1974.

Albert Gerhards/Benedikt Kranemann, Einführung in die Liturgiewissenschaft, Darmstadt ²2008.

Bert Groen/Benedikt Kranemann (Hg.), Liturgie und Trinität (QD 229), Freiburg i.Br. 2008.

Romano Guardini, Vom Geist der Liturgie, Freiburg/Basel/Wien 1983.

Georg Kraus, Gott als Wirklichkeit. Lehrbuch zur Gotteslehre, Frankfurt a.M. 1994.

Armin Kreiner, Das wahre Antlitz Gottes – oder was meinen wir, wenn wir Gott sagen, Freiburg/Basel/Wien 2006.

Gerhard Lohfink, Das Vaterunser neu ausgelegt, Bad Tölz 2007.

Ansgar Moenikes, Der sozial-egalitäre Impetus der Bibel Jesu und das Liebesgebot als Quintessenz der Tora, Würzburg 2007.

Karl Rahner, Grundkurs des Glaubens. Einführung in den Begriff des Christentums, Freiburg/Basel/Wien 1984.

Herbert Vorgrimler, Gotteslehre, Bde I-II (Texte zur Theologie), Graz/Wien/Köln 1989.

Herbert Vorgrimler, Gott. Vater, Sohn und Heiliger Geist, Münster 2003.

Herbert Vorgrimler, Theologische Gotteslehre, Düsseldorf ³1993.

Jürgen Werbick, Bilder sind Wege. Eine Gotteslehre, München 1992.

Islam

Hartmut Bobzin, Der Koran. Eine Einführung, München 1999.

Abdoljavad Falaturi, Glauben an den einen Gott. Menschliche Gotteserfahrung im Christentum und im Islam, Freiburg/Basel/Wien
1975.

Navid Kermani, Gott ist schön. Das ästhetische Erleben des Koran,
München 2000.

Adel Theodor Khoury, Der Islam. Sein Glaube, seine Lebensordnung,
sein Anspruch, Freiburg/Basel/Wien 1992.

Hans Küng, Der Islam. Geschichte, Gegenwart, Zukunft, München/
Zürich [4]2010.

Hamid Molla-Djafari, Gott hat die schönsten Namen. Islamische Gottesnamen, ihre Bedeutung, Verwendung und Problem ihrer Übersetzung, Frankfurt a.M. u.a. 2001.

Tilman Nagel, Der Koran. Einführung, Texte, Erläuterungen, München 1983.

Rudi Paret, Mohammed und der Koran. Geschichte und Verkündigung des arabischen Propheten, Stuttgart/Berlin/Köln [7]1991.

Andreas Renz/Stephan Leimgruber, Christen und Muslime. Was sie
verbindet, was sie unterscheidet, München [3]2009.

Aslan Reza, Kein Gott außer Gott. Der Glaube der Muslime von Muhammad bis zur Gegenwart, München 2006.

Annemarie Schimmel, Dein Wille geschehe. Die schönsten islamischen Gebete, Bonndorf im Schwarzwald 1992.

Annemarie Schimmel, Die Zeichen Gottes. Die religiöse Welt des Islam, München 1995.

Hansjörg Schmid/Andreas Renz/Jutta Sperber (Hg.), »Im Namen Gottes ...« Theologie und Praxis des Gebets in Christentum und Islam,
Regensburg 2006.

Amir M.A. Zaidan, Fiqh-ul-`ibadat. Einführung in die islamischen
gottesdienstlichen Handlungen, Frankfurt a.M. o.J.

Zu allen drei Religionen

Karl Jaroš, Wurzeln des Glaubens. Zur Entwicklung der Gottesvorstellung von Juden, Christen und Muslimen, Mainz 1994.

Leitlinien für das Gebet beim Treffen von Juden, Christen und Muslimen (Arbeitshilfen der Deutschen Bischofskonferenz 170), Bonn 2008.

Karl Rahner/Werner Löser (Hg.), Der eine Gott und der dreieine Gott. Das Gottesverständnis bei Christen, Juden und Muslimen, München 1983.

Abdoljavad Falaturi, Drei Wege zu dem einen Gott. Glaubenserfahrung in den monotheistischen Religionen, Freiburg/Basel/Wien 1980.

Zaynab Khamei, Die 99 Namen Gottes. Zeugnisse aus Judentum, Christentum und Islam, Düsseldorf 2008.

Karl-Josef Kuschel, Juden – Christen – Muslime. Herkunft und Zukunft, Düsseldorf 2007.

Register

Personenregister

Sachregister

Bildnachweis

S. 22, 141 © Andreas Renz, München
S. 30 © Clauß Peter Sajak, Haltern am See
S. 86, S. 101 Kösel-Archiv
S. 136 © Barbara Huber-Rudolf, Dreieich